ISBN-13:
978-1985041332

ISBN-10:
1985041332

psykopatian

Kirja on omistettu kaikille, jotka on käynyt läpi traumaattisen tapahtuman ilman ohjausta ja asianmukaista tukea parantaa trauma.

Kiitän kaikkia, jotka auttoivat minua luomaan tämän kirjan luoda tietoa psykopatia ja ihmisiä, jotka kuuntelevat ja uskovat minuun.

Kirja on kirjoitettu kaikille ja on helppo ymmärtää. Se on sekoitus henkilökohtaista tietoa ja tutkimusta.

Traumaattinen tapahtuma:

Johdanto

Kirja laatta:

<u>Psykopatia: kyvyttömyys nähdä toisen puolen todellisuutta</u>

Luota "No One", kun se tulee lapsiasi.

Todellinen tarina elää psykopaatti/sosiopaatti ja lasten ahdin

Äiti ja keskimmäinen veli:

Nämä kaksi ihmistä ovat pahoja. Yksilöt, jotka käsittelevät niitä tulee lopulta niiden saalis ja on peruuttamaton vahinko.

Äitini kampanja perustuu löytää hyväksymistä muiden perheen jäsenten hyväksymään Lähi-veli, psykopaatti, joka tekee hänestä "Activator" mitä hän tekee.

He puijata we jahka I-KIRJAIN lapsi, ainoastaan kas noin he erikoiskieli ' hupsu we. Tämä on minun aika kertoa tarinani ja auttaa muita.

Älä koskaan jätä lapsesi vartioimatta, tai muukalaisia asioita on taipumus tapahtua, ja he tekevät.

Kirja alkaa johdanto tutkimuksen jälkeen.

Voit tulla uusi te, alkaen uhriksi tajuamaan, keitä me käsittelemme.

On tärkeää tietää, että nämä ihmiset voivat olla hyvin karismaattinen, rakastava, makea, ja miten auttaa yhteisön sisällä, mutta ennen kaikkea he haluavat lähestyä poika ansa. Et ole enää uhri; Olet perhe.

Koska oma perhe, voit parantaa itse, voit auttaa itseäsi, kun kukaan muu kuuntelee sinua, voit tulla uusi itse.

He käyttivät minua; Heillä ei ollut myötätuntoa tai empatiaa niiden peräkkäisen väärinkäytön ja trauman; Minulla ei ole myötätuntoa puhua niistä, ja tiedot auttavat muita...

Haluan tehdä selväksi: kun mainitsin sanan "perhe" tässä kirjassa se viittaa kaksi veljestä, äiti, ja isä aiemmin, että on kaikki. Muut perheen jäsenet eivät ole mitään tekemistä sen kanssa, historiaa, ja ei voi mennä taakse tämän kirjoittajan, koska ne eivät ole osa tätä kirjaa, tämä kirja on vain minun ohi ja perheeni kulunut neljä

ihmistä mainitsi 2 veljekset , 1 äiti ja 1 isä.

Nimet käytetään luomaan tämän kirjan ovat kuvitteellisia suojella

minun kuninkaallinen perhe, tarina on totta, ja se luotiin auttaa

luomaan tietoisuutta auttaa muita lapsia, ja perheitä vastaan

psykopatia.

Enemmän me olemme rauhassa itsemme kanssa, sitä enemmän

löydämme rauhaa keskenämme.

Jumala auttoi minua ja perheeni edetä terveellä rakkaudella, Amen...

Älä anna lastesi puhua "touhuamaan" Inter netissä ilman valvontaa.

Seksuaalinen hyväksikäyttö on pysyvää vaikutusta:

Kasvoin kanssa susia autiomaassa

Tumma peto kesyttää.

Kyvyttömyys nähdä naamion todellisuuden

Tämä tarina alkaa, kun tämä kirjailija oli kahdeksan vuotta vanha. Viaton lapsi esille autiomaassa susien. Hän otti pari oppia elämässä ymmärtää, että olin esille eläinten keskellä ei mitään jatkuvaa hyökkäystä sisäisiä lähteitä. Äitini opetti minulle mitään elämästä; Hän ei ole koskaan neuvonut minua elämästä. Hän halusi pitää minut niin tietämättömiä kuin mahdollista minun alku vuosina, ja se tarkoittaa vaaraa lapselle.

Kirja on tutkimus, joka edustaa taistelua hengissä.

Freud käytti käsitettä keinona selittää toistuvia kuvioita itsetuhoisia ja itsensä tuhoavan käyttäytymistä, joita kutsutaan "toista pakko mielteemme." Freud ja Einstein "vaisto ja selviytyminen", kirjeet ehdotti, että meidän on ymmärrettävä, että ei ole tumma peto, että voimme kesyttää, muuta kuin itseämme.

Vasta ukset pala pelit voi olla sekava meissä hengissä. Mysteereistä ihmisten ja käyttäytymistä asuvat miten yksilöinä ja yhteiskuntiemme torjua pelkojamme ja toiveita. Meillä kaikilla on impulssi kilpailla, tarve hoitaa, halu yhdistää ja olla vapaa. Vastaus kuuluu, miten yksilöt torjumaan pelkoja ja toiveita, meidän impulssi kilpailla, ja meidän on huolehdittava. Einstein ja Freud mainitsi: "enemmän me olemme rauhassa itsemme kanssa, sitä enemmän annamme rauhaa heille."

Pieni huomautus omantunnon:

Tämä tarina on todellinen ylivuoto tietoa omistettu auttaa perheitä pienten lasten kanssa, joka perustuu esimerkkeihin ja tutkimukseen. Tämä kirja on kirjoitettu luoda tietoa psykopatia, tärkeitä merkkejä etsiä lasten ahdin, lapsuus riski tekijöitä, naisten psykopatia, androcensionismi, psykologisia seura uksia, lapsi väärinkäyttäjien sosiaalisia taitoja ja Konfliktien ratkaiseminen psykopaatteja koskevan sopimuksen yhteydessä. Jotta yhteyden lukijat, tämä kirjailija käyttää hänen henkilökohtaista kokemusta havainnollistaa kohtia, jotka liittyvät psykopatia ja lapsi ahdisteilla.

Keskimmäinen veli, Psycho ja lapsen asiantuntija sosiaalinen

väärinkäyttäjä on Lax; Hän on vaaraksi yhteiskunnalle. Äiti uskoo

häntä ja suojelee häntä, mikä tekee hänestä pahempaa ihmisiä,

jotka liittyvät saalistaja. Tämä tekijä on ilmoittanut Floridan viran

omaisille ja koska perussäännön rajoitusten asianmukainen

syytteen hyökkääjäksi ei ole hyväksytty, joka perustuu ikärajoitukset

ja paikka, jossa se tapahtui. Se on vastuussa tämän kirjailijan antaa

todistuksen auttaa muita, jotka voivat olla yhteydessä hyökkääjäksi.

Hän on myös asiantuntija sosiaalinen väärinkäyttäjä ja

seksuaalisesti väärin hänen pikkusisko vuotiaita 12 että 17 vuotta.

On arvioitu, että 50 prosenttia kaikista seksuaalirikoksista lapsille

eivät ole seurausta pedofiliaa.

<u>"kyvyttömyys nähdä toisella puolella todellisuutta"</u>

Eräänä päivänä matkustaa, kun olet kirjoittanut tämän kirjan ja

tarkistaa sen koko päivän tunsin hyvin sairas, rukoilin ja rukoillut,

että Jumala selittäisi minulle, että olin ohimennen, koska olin niin

sairas, koska tunsin niin vihainen, pahoinvoiva, vatsani ei enää.

Luettuani kirjan koko päivä oli luonut tämän tunteen ja sai minut sairaaksi. Sitten rukoilla ja rukoilla ja keskellä luontoa hän kuulee minua. Luin Raamatun ennen kuin menin nukkumaan ja minulla oli unelma, ja unessa hän selittäisi minulle, mitä oli tapahtumassa minulle, ja unessa olin rakastunut ja olin suuntautunut, että minun täytyi lukea Raamatussa. Ja kuulin hänen, ja hän antoi minulle vasta uksen:

Joh. 8:41

Jos Jumala olisi hänen isänsä-minä vastaan Jeesuksen-te rakastatte minua, tulin Jumalalta ja tässä minä olen. En ole tullut omalle tililleni, mutta hän lähetti minut. Miksi ette ymmärrä minun tapa puhua? Koska et voi hyväksyä minun sanaani. Olet isäsi, paholainen, jonka toiveet haluat täyttää. Alusta alkaen tämä on ollut murhaaja, ja sitä ei pidetä totuuden, koska ei ole totuutta siinä. Kun hän valehtelee, hän ilmaisee oman luonteensa, koska hän on valehtelija. Hän on valheen isä! Ja vielä minulle, että kerron heille totuuden, he eivät usko minua. Kumpi teistä voi todistaa minulle, että olen syyllistynyt syntiin? Jos kerron totuuden, miksi ette usko minua? Se, joka on Jumalasta, kuulee, mitä Jumala sanoo. Mutta te ette kuun

Tele, koska he eivät ole Jumalasta.

Traumaattinen tapahtuma:

Ole oma perhe, voit parantaa itse voit auttaa itseäsi, kun ei

kukaan kuuntelee sinua, saatat olla oman selviytymisen.

<u>Väärinkäyttäjä ja äiti ei ollut empatiaa ja myötätuntoa minua</u>

<u>huono hoito ja trauma. En ole uhri, mutta tämä kirja auttaa monia</u>

<u>ihmisiä, jotka ovat käyneet läpi trauma kuten minä... Kun</u>

<u>mainitsen sanan perhe tässä kirjassa se viittaa minun kaksi ex-</u>

<u>veljekset, äiti, isä ja kokemukseni kuin lapsi elää heidän kanssaan.</u>

<u>Tämä kirja auttaa perheitä ja lapsia väärin, väärin hengissä</u>

<u>kauhua trauma.</u>

On monia ihmisiä, jotka eivät välitä mitään, että tapahtui,

päinvastoin, he ovat haluttomia usko maan, he elävät

Tietoisuus psykopatia:

Päätavoitteena tämä kirjailija on lisätä tietoisuutta

psykopatia miesten ja naisten välillä. Tämä informatiivinen opas

helpottaa miesten ja naisten, erityisesti perheille, tunnistaa merkitys

psykopatia ja sosiaalisesti koulutettujen pedofiilit. Tämä kirja on

yhdistelmä tutkimusta ja näytteitä tekijän henkilökohtaista elämän

kokemusta käsittelevät psykopaatti.

Se myös määrittelee ominaisuudet psykopaatteja

tarjoamalla esimerkkejä tunnistaa niiden maailmaa ja mitkä ovat

uhat ympärillämme. Miten estää hiljainen käärme hyökkäys;

Tiedätkö keitä he ovat, älä sinä? Päätavoitteena on osoittaa

lukijoille, miten tunnistaa eri psykopaattisia ominaisuuksia ja miten

erottaa ne muista. On tärkeää löytää todellinen näkymätön kasvot

takana hymy.

Tämä tekijän kokemus on verrattavissa uhri elää

psykopaatti ja sosiaalinen väärinkäyttäjä koulutettujen lasten.

Tämä kirja perustuu todellisiin todiste isiin, erinomainen tieto lähde.

Se osoittaa esimerkkejä psykopatia (persoonallisuus häiriö) ja

seksuaalinen manipulointi. Koska perhe elää psykopaatti,

esimerkkejä annetaan yksityiskohtaisesti niiden huonosti

persoonallisuus. Keskimääräinen veli on juuri mainittu tämän kirjan

useita kertoja, ja hänen läsnäolonsa on vain esitetty "näyte", mitä

etsiä psykopaatteja ja lapsi ahdin. "Tämä kirjailijan menneisyys on

uusi tulevaisuus perheille." Valitettavasti, kun lapsi jätetään

vartioimatta tai joku pitää "tuttu", jota voimme luottaa, asioita

tapahtuu. "emme voi sokea itseämme silmin saalistajien." Älä luota

kaikkiin, kun on kyse lapsesi.

Päätös lauselmassa estetään se, että tämä tapahtuu uudelleen

toiselle lapselle. Tämä kirjailija on auttanut paljon ihmisiä, erityisesti

naisia, neuvontaan. Vanhempina, jotka suojelevat lapsemme on

tärkein tavoitteemme. Ennaltaehkäisy on kouluttaa meitä, mikä tarkoittaa suojelua. Meidän täytyy kouluttaa itseämme valoisampi

tulevaisuus, ja lapsillemme.

Haluaisin jakaa omat arvot ihmisinä, jotka ovat nöyryyttä, perhe,

totuudellisuus, rehellisyys, yhtenäisyys, rakkaus, hoito, myötätunto

ja tekee oikein. Vuonna psykopaatti mielessä, ei edes puolet näistä

arvoista on olemassa. Tietämättömyys on pahin painajainen, kun se

tulee todellinen psykopaatti.

Tämä kirja auttaa sinua tunnistamaan tyypillisiä piirteitä

psykopaatti perustuu omaan kokemukseen. Se ei ollut helppo

tehtävä kirjoittaa tämän käsi kirjoituksen, mutta samalla se on

erittäin informatiivinen. Kirja on jaettu eri osiin. Luvuissa on

selityksiä, kirjallisuuden tarkistamista ja psykopaatteja. Tärkeitä

merkkejä seurata, jotka ovat: suullinen viestintä, valehtelee,

lapsuuden riski tekijät, manipulaattorit, naisten psykopatia, pieni

selitys androcensionismi, lapsen asiantuntija sosiaaliset

väärinkäyttäjät, psykologiset seura ukset, ja Konfliktien

ratkaiseminen siitä, miten käsitellä psykopaatteja ja väärinkäyttäjiä

sosiaalisten työlasten.

Sisällys luettelo:

I. lainaus Carl Jung ja psykopatia

II. mies oire yhtymä: esimerkki androcensionismi ja patriarkaatti

I.   Carl Jung & psykopaatti:

Carl Jung teoksessaan "Bad miehet tekevät mitä hyviä miehiä unelma", jokaisella on "varjo" osana tajuton ja sisältää tukahdutettu toiveet, heikkoudet ja alkeelliset vaistot eläimiä. Jung määritelty vähemmän me tunnustamme "varjo", vähemmän kirjattu yksilön tajuissaan elämän, Mustempi ja tiheämpi se on. Enemmän kiellämme huonoja ajatuksia, se asettaa meidät vaarassa valvoa niitä.

Tämä kirja aikoo tunnistaa ominaisuudet psykopatia, merkkejä etsiä psykopaatteja, anatomia aivojen, riski tekijöitä lasten, naisten psykopatia, sosiaalisesti koulutettujen pedofiilit, nimeltään "kampa ajat" ja Konfliktien ratkaiseminen psykoosi-ja ammattitaitoisen sosiaalisen väärinkäyttäjien hoitoon. Tämä kirja on pääasiassa omistettu perheille pienten lasten kanssa. Kirjoittaja selittää käytännöllisyys nykypäivän sana Patriarchy ja androcensionismi. Tämä perheen kirjailijoiden oli aina hallitsee isä hahmo ja kaksi veljestä, naiset ja lapset pidettiin nöyrä. "kyvyttömyys nähdä toisella puolella todellisuutta" overvirrat tietoa ja tutkimusta ohjaamaan vanhempia, ja tietoisesti luoda mitä voisi tapahtua *"vartioimatta lapsi." Perustuu henkilökohtaisen kokemuksen tämän kirjailija, joka asuu Keski määrin veli, joka on "lapsi ahdin ja psykopaatti". Keskimääräinen Brother-tulos on vahvistanut psykopathy-tarkistettu PCL-R-tarkistus listan suuri todennäköisyys. Heidän toimi valtansa on valvoa ja hallita. Manipuloida, erityisesti perheen ja ystävien kohti heidän edukseen; Näytetään puute tunteita ja katumusta, sujuvuus, pinnallinen viehätys, patologinen valehtelee, huono käyttäytyminen valvontaa, siveetön seksuaalinen käyttäytyminen ja monet muut tekijät vahvistetaan "keskimmäinen veli psykopaatti Täysin palanut. Jänis tarkistus lista (2003) nyt nimeltään PCL-R psykoosi tarkistus lista on tarkoitettu käytettäväksi koulutettu mielen terveyden ammattilaisia, jotka haastatella ja tarkistaa ihmisten psykopaattinen historia. Psykopatia on todennäköisesti turvallinen tekijä, tässä tapa uksessa lapsi oli käytetty mukavuus tyydyttää hyökkääjäksi n seksuaalisen impulsseja ja hänen toimintansa ja luonteen häiriöt etiketti häntä pedofiili ja psykopaatti.*

Uhrit ovat tehokkain tieto lähde lastemme suojelemiseksi pedofiililta. Yksilöt, jotka ovat seksuaalisesti hyväksikäytettyjä ovat parhaita "informants" seura uksena kokemuksiamme. Voimme nimetä väärinkäyttäjä ja voit antaa yksityiskohtaisia tietoja väärin. Meillä on tapana vaieta monista eri syistä, kuten pelko, häpeä ja häpeä. Tietää

väärinkäyttäjien oli pelottava, ja se on pysynyt pelottavan ja

emotionaalisesti vaikea ilmaista. Tämä kirjailija ei ole koskaan, vaikka

keskimääräinen veli, joka on tarkoitus suojella sinua satuttaa sinua

kaikkein inhottavaa tavalla. On käsittämätöntä, että tämä kirjailija toimia

Lähi-veljensä kohti alaikäinen, joka oli hänen sisarensa. Koska uhrit eivät

ole liian usein ymmärtäneet, miten heidän tietoaan voitaisiin suojella

toisia; Sen sijaan pidämme sen salassa. Toisaalta, tämä kirjailija kertoi

hänen äitinsä ja vanhempi veljensä noin väärinkäyttö ja he eivät usko

eivätkä tehneet mitään kiusaaja; Päinvastoin, äiti edelleen hyväksyy

väärinkäyttäjä. Hän asuu tällä hetkellä kotonaan hyödyntämällä hänen

alhaisen tulo tason kotiin, ja edelleen ottaa kuvia ystäviensä kanssa, joilla

on suuri kokemus Facebookissa. Writer's Mother kampanja suojella

väärinkäyttäjä on tehnyt ihmiset ajattelevat tai luoda jotain muuta. Mitä

syitä tämä kirjoittaja on valehdella näistä hirvittävistä teoista? Mitä tämä

kirjailija voittaa? Mitään! Se kaikki on totta.

Kuitenkin, kun kertoo minun vanhempi veljeni väärinkäytöstä, hän

kertoi minulle, että se ei ollut totta, ja hän on pysynyt hellä ja yhteydessä

hyökkääjäksi. Perhe ei ole osoittanut myötätuntoa rikoksen uhriksi

joutumista kohtaan. Suurempi keskipitkällä on täydellinen valvonta ja on *pystynyt manipuloimaan niitä. Nyt se on jopa tämän kirjailija auttaa*

perheitä ja keuliminen niiden todellinen naamio; Tämä kirja on rakennettu

henkilökohtainen kokemus käsitellä todellinen psykopaatti. Kyvyttömyys

nähdä toisella puolella todellisuus on viittaus siihen, miten käsitellä

toisella puolella, joka kätkee, manipuloi, näyttelyt puute tunteita ja

katumusta, sujuvuus, pinnallinen viehätys, patologinen valheita, huono

käyttäytymisen valvonta, käyttäytyminen Seksuaalinen siveetön ja monet

muut tekijät luoda

I.   Mies oire yhtymä: pieni esimerkki androcensionismi

Mikä on androcensionismi? Androcensionismi on käytännössä

Sitting mies ihminen ja miesten näkö kulmasta keskellä maailman mieltä

ja sen kulttuuria. Adjektiivi liittyvät on androcentric, mutta käytäntö

saattaa naisten näkö kulmasta keskustassa on androcentrismi. On

korrelaatio psykopatia ja androcensionismi. Kun mies nähdään hallitsija

häiriintynyt perhe, asiat yleensä menevät pieleen. Perheeni koostui kaksi

veljestä, isä ja äiti, joka hallitsi mies oire yhtymä, joka tarkoitti sitä, että

"miehet" olivat niitä, jotka hallitsi. Henkilöt androcensionismi ja narsist

olivat aina läsnä perheessä. Muuton jälkeen Espanjaan, en ollut enää pieni

tyttö talossa, koska hyvä perhe lähdin Kuubassa ei ollut siellä suojella

minua, nyt olin "estää." Perhe oli hyvin motivoitunut luku "mies", joka on

helpottanut psykopaatti hyökätä ja uskoa, että hän oli mies talon. Se on

naurettavaa, mutta totta.

Äitini ei ole tarpeeksi aikaa huolehtia minusta; Hän halusi

työskennellä, isäni, toisaalta, oli aina humalassa, joten kaikki hän ei ollut

mennä ulos ja juoda ystäviensä kanssa. Hän oli vaarassa, mutta hän oli

liian pieni tunnustamaan, että hän oli vaarassa omassa talossa. Koska

heillä ei ollut ketään huolehtimaan minusta, he käyttivät minun Keski

määrin veli (psykopaatti) tehdä sen päivän aikana. Kun pääsin koulusta

minä kävellä kotiin koulusta, ja hän tulee olemaan siellä odottamassa

minua, kuin rukous. Olin hänen saalis, ja hän käytti minua hänen

demonisia tekoja. Vaikka minulla oli tyttö ystävä tuolloin, miksi ei kosketa

häntä, miksi hän käytti minua lelu, harjoitella? Harjoitella pelissä hänen

pikkusisko. Hän on sairas ja hän on paskiainen. Olin 12-vuotias, kun hän

hyökkäsi minua ensin, ja olin 18-vuotias. Painajainen! Hän näki

mahdollisuuden hänen sairas mieli ja otti sen. Vaikka tiedän, että hän on

paskiainen, hän kliinisesti psykopaatti/sosiopaatti/lapsi ahdin. Miksi pidät

huomiosi minua? Miksi niin paljon fiksaatio minua? Miksi hän voi antaa *minun olla ja olla veli, joka on kuin mikä tahansa muu veli, joka välittää ja suojelee hänen pikkusisko? Vastaus: hän on persoonallisuus häiriö, hän on psykopaatti/sosiopaatti/lapsi ahdin, joka on paljon asioita ja pitää piilossa hänen naamion takana. Olen pahoillani ihmisistä, jotka vielä uskovat tämän kusipää. Se tulee aina olemaan a. Olen vakaasti sitä, että ihmiset ympärilläsi voivat auttaa sinua parantua tai tuhota sinut täysin. Mieheni on auttanut minua voittamaan joitakin pelkoni ja kasvaa emotionaalisesti. Se on ollut osa minun puhdistus prosessi, vakaa henkilö, joka välittää minusta.*

Tämä kirjailija kuuli jonkun sanovan "hän on mukava, makea henkilö." Kysyn itseltäni makea lapsi ahdinko, suloinen mies? Tämä on pelottava, ja inhottavaa. Se vain osoittaa, miten manipuloiva Psykopaatit voi tulla, ja yrittää provosoida myötätuntoa, tarvitaan samaa laatua psykopathies. Me kanisteri käydä heidät avulla cats että aina arvostella heidän ala kohteleva heidän aukko koska asu-lta käsittely. Perheiden manipuloivat androcensionismin herruudesta, joka korostaa miesten etuja tai vain maskuliininen näkö kulmasta; Keskitetty tai mies-centered, usein laiminlyödä tai jättää naisia ja miehiä kunnioituksesta tai miespuoliseen kuin Keski-tai ensisijainen. Jos emme ymmärrä psykologian takana psykopatia, ja sen toiminta tavat, ei voi täysin ymmärtää, miten tunnistaa

psykopaatti. Tämä kirjailija voi tunnistaa psykopaatti, koska hänen

Radiance, esiintymisiä, silmät, kasvot ja käyttäytyminen. Hänen pieni

ulkonäkö ovat osa hänen profiiliinsa. Se on inhottavaa. Piilossa hänen

psykopatia, ja jotkut heistä tulevat läpi hyvä kaveri tai nainen. He

piiloutuvat oman naamion hulluutta ja kyvyttömyys nähdä toisella

puolella todellisuutta.

Kirjailijan äiti ei halua hyväksyä sitä, että hän on lapsi ahdin ja

mieluummin elää tietämätön Bliss noin väärinkäyttö tapaus. Hän helpotti

häntä kyky ja mahdollisuus ärsyttää hänen sisarensa. He lähettävät minut

suoraan "käsiin" pahan. Hän on täysin tietämätön siitä, mitä tapahtui,

hän kieltäytyy tunnista tai tunnista tilannetta. Hänen tärkein työpaikka on

huono perheen tämän kirjailija jossa hänen hullu ja Fabricator. Asuminen

tietämättömyys, uskoa sitä koskaan tapahtunut, väärinkäyttö katoaa.

Tämä kirjailija on lujasti sitä, että kun väärinkäyttö oli tapahtumassa, hän

tiesi sen, mutta ei koskaan kohdannut tilannetta ja piilotti sen. Hänen

pääasiallinen motiivina oli piilottaa väärinkäyttäjä, ja suojella häntä isäni

aggressiivista käyttäytymistä.

Se ei ole psyykkinen sairaus, ja ei ole henkistä vammaisuutta; Ne

voivat järkeistää, ja he ovat laskettaessa mielissä, heidän mielensä on peli ja heidän sielunsa ovat pahoja. Psykopaatit oppia menneisyydestä, mutta he oppivat vain mitä kiinnostaa heitä, ei mitä yhteiskunta haluaa heidän oppia (Samenow, 1984).

II. mikä on psykopatia?

Psykopatia on psykologinen tila, jossa henkilö osoittaa syvä puute empatiaa toisten tunteita, halu osallistua moraalitonta ja antisosiaalinen käyttäytymistä lyhyen aika välin voittoja ja itsensä centeredness. Lopussa. Psykopaatit eivät pelkää kielteisiä vaikutuksia rikollisen tai riskialtista käyttäytymistä ja ovat suhteellisen herkkä rangaistus. Ne eivät yleensä ole luopumaan niiden itsekäs käyttäytymistä rikosoikeudellisia tai sosiaalisia seuraamuksia. Yhdessä niiden ehjä ja lakkaamaton impulssi huolehtimaan itsestään, Psykopaatit ovat saalistajia, ja jokainen, joka voi ruokkia niiden tarve tällä hetkellä on potentiaalinen saalis. Erittäin huolestuttavaa on se, että kirjoittajat ovat määritelmän mukaan ihmisiä, jotka vastaavat uhrien hoidosta ja valvonnasta. Yhdistyneiden kansa kuntien yleiskokous hyväksyi 20 päivänä marraskuuta 1989 lapsen oikeuksia koskevan yleissopimuksen, joka julisti lasten perusoikeudet kaikkialla maailmassa.

Psykopaatit ovat suuremmassa vaarassa osallistua sekä reaktiivinen aggressio ja instrumentaalisuus. Instrumentaalinen aggressio (joskus kutsutaan ennakoivasti tai saalistus hinnoittelua aggressio) on suunniteltu, valvotaan ja hyödyllinen, ja sitä käytetään tiettyyn tarkoitukseen, esimerkiksi saada huumeita tai suku puolta, tai yksinkertaisesti perustaa verkko tunnuksen. Päätavoitteena ei ole välttämättä satuttaa toisia, mutta vain saada haluttu tulos. Aggressio esittelee itsensä emotionaalista reaktiota; Se on laskettu käyttö hyökkäyksen välineenä. Reaktiivinen aggressio, toisaalta, on paljon enemmän impulsiivinen, ja tunteet ohjaavat koettu uhka tai hyökkäys tai hallitsematon viha (Schouten & Silver, 2012).

Psykopaatit ovat usein pinnallisesti viehättäviä ja yksinkertaisia; Ne voivat usein hyödyntää muita, koska he tietävät, että toimivat aidosti ystävällisiä ja avuliaita voi olla hyödyllinen strategia saada mitä he haluavat (Schouten & Silver, 2012). Jotta psykopaatti, booli kasvoissa ja valhe takana lämmin hymy ovat vain erillisiä työkaluja käytetään sanelee olosuhteet; Päätelmä: ei totuuksia, sen sijaan, että DeliriouS tai vaikeuksia hahmottaa todellisuutta, Psykopaatit tietävät tarkalleen, mitä he tekevät. Vaikka se voisi olla parempi olettaa, että ihmiset, jotka järjestelmällisesti syyllistyvät epäperiaatteellisia toimia jotenkin yksinkertaisesti eivät ole tietoisia vahingoista ne aiheuttavat, tosiasia on, että Psykopaatit eivät

yksinkertaisesti välitä, jos he nöyryyttää tai vahingoittaa muita . Ne eivät

kuitenkaan ole vakava rikollinen, ja joskus he osaavat selvitä, miten

voidaan välttää osallistuminen rikos oikeus järjestelmään. Psykopaatit

ovat joskus koskaan kiinni Poli isin rikoksista tehty, useita psykopaatteja

osaa piilo utua lain taakse. Mikä säästää niitä? Psykopaatit voivat

kontrolloida itsekäs käytös, joten ne ovat ehkä vain rajoissa oikeus toimia,

on erittäin manipuloiva ihmisten kanssa auttaa ja kattaa niiden jalan

jälkiä, helpottaa niiden paeta. Myös saada kiinni "tarkoittaa", he eivät voi

saada pois, mitä he haluavat. Psykopaatit ja ammattitaitoiset sosiaaliset

väärinkäyttäjät käyttävät kykyään hallita ja hallita uhreja loppuun asti.

Heillä on tapana käyttää ystäviä, työtovereita ja perheen jäseniä

kattamaan heidän piirteensä. Se on pelottava, miten ne voivat olla erittäin

manipuloiva, ja valvonta, ymmärtäminen ja oppiminen, miten ne ovat on

ainoa tapa selviytyä.

1) erottaa Psykopaatit ja keitä he ovat?

Psykopatia ominaisuudet-teoriat

Mukaan käyttäytymiseen geneetikko tohtori David Lykken (1995),

Psykopaatit erotetaan muista deviants. Tämä kirjailija tutki historiaa

fyysisen ja seksuaalisen hyväksikäytön lapsuuden, ja eri luokkiin

persoonallisuuden psykopatia. Aivojen tutkimukset ovat ehdottaneet, että

Psykopaatit ovat epänormaali aivojen toimintaa. Psykopatia on määritelty

tähdistö affektiivinen, ihmis suhde-ja käyttäytymisen oireita, jotka on

ominaista yksilön manipuloiva, viehättävä, yksinkertainen, vastuuton,

itsekäs, tunteeton, impulsiivinen, aggressiivinen, ei-empaattinen, ja Kokee

vähän katumusta tai syyllisyyttä seura uksena yksi haitallinen ja

antisosiaalinen käyttäytyminen (Hare, 2003). Onko huoli maton lapsia

enemmän yllyttämisestä psykopatia? Huoli maton lapset ovat alttiimpia

psykopatia (Lykken, 1995). On ymmärrettävä, että psykopatia ei ole

psyykkinen sairaus, vaan häiriö persoonallisuus. Vaikka on subjektiivinen

laatu diagnosoida persoonallisuus häiriöt, tutkimus on osoittanut, että ne,

jotka ovat persoonallisuus häiriöt osoittavat jäykkyyttä tai

joustamattomuutta niiden ajattelua, tunnetta ja käyttäytymis malleja,

jotka Ne estävät heitä toimimasta muiden kanssa laajemmassa

sosiaalisessa kontekstissa (cleckley, 1988).

Psykopatia määritellään yleinen häiriö persoonallisuus, jossa on

halveksuntaa toisten tunnetta ja yhteiskunnan säännöt (cleckley, 1988).

Persoonallisuus häiriöt voidaan luonnehtia luokan persoonallisuuden

tyyppejä, jotka poikkeavat sosiaaliset odotukset hyväksyttävää

käyttäytymistä. Keitä nämä ihmiset ovat? Ovatko suku puoleen perustuvat

vertailee hyvin ymmärretty? Olemme usein ajatella psykopaatteja kuin

häiriintyneet rikolliset, jotka kaapata otsikoita ja vankiloiden joukosta

(Hare, 1999). Psychopaths kun kiinni on kulunut ottaa psykologisia

ongelmia. Jänis (1999) psykopaattinen valtiot haluavat toisten uskovan,

että heidän epäsosiaaliset lomakkeensa ovat seurausta henkisestä

puutteesta; Se oli laajalti käytetty "diagnostinen Raamattu" mielen

terveyden sairauksia.

Kaikki Psykopaatit eivät ole murha ajat. Miehet ja naiset

psykopaatteja, että saatat tietää, että liikkuvat läpi elämän korkeimman

itseluottamuksen, mutta ilman omaatuntoa.

Miksi tämä on tutkimuksen arvoinen? Tämä tutkimus perustuu

henkilökohtaiseen kokemukseen tämän kirjailijan kuin lapsi ahdisteli

psykopaatti. Tämä tutkimus auttaa myös ihmisiä, jotka olivat joutuneet

seksuaalisen hyväksikäytön ymmärtää ja tunnistaa persoonallisuuksia ja

ominaisuudet psykopaatteja. Neumann (2007) keskustelee psykopatia

yhdeksi tunnustettu persoonallisuus häiriö. Tämä asia kirja esittelee

suhteellisen tasapainoinen tutkimus naisten ja miesten psykopaattinen *käyttäytyminen. Hare (2003) mainitsi, että on tärkeää tehdä lisä*

tutkimuksia, jotta voidaan tunnistaa useimpien suku puolten välillä

psykoosi ja miten oire yhtymä ilmaistaan. Pahamaineinen keskittyminen

psykopaattiseen persoonallisuuteen johtuu osittain sen merkittävästä

yhteydestä väki valtaan, aggressioon ja muihin ulkoisiin patologioihin

(Hare, 2003). Tämä kirjailija kohtasi erilaisia teorioita, jotka kehitettiin

auttaa selittämään perusta tämän persoonallisuuden häiriö, ja näin,

useita mahdollisia vaikutteita on todettu, että helpotetaan puhkeamista

helpottaa psykopaattinen persoonallisuus Häiriö. Tämän tutkimuksen

tarkoituksena on tutkia ja kyseenalaistaa tekijät perhe ympäristön,

historian tekijät väärinkäyttö, ja neurologiset tekijät ovat ennustaa

psykopatia.

Uraauurtava artikla (1941) erottaa perus-ja Keski asteen

psykopatia jos perusta myöhempien teorioiden ja tutkimusta sen

variantteja. On tärkeää tunnustaa teoriat alkene (1941) yhdistyksen välillä

ensisijaisen ja toisen psykopatia. Ensisijainen psykopaatti haluaa kaiken;

Ne ovat narsistit, mutkitteleva ja ovela. Psykopaatit ovat pahoja.

Psykopaatit voidaan luokitella metsästäjät vaanii saalis, ensimmäinen,

löytää oikea paikka metsästää, toinen, he ymmärtävät saalis, kolmas,

kaapata saalis ja lopulta käyttää rukouksensa kauhea pahaa toimii.

Mukaan Informant (1941), tärkein ero perustuu käyttäytymiseen etiologia. Alkene (1941) teorian, että ensisijainen Psykopaatit ovat ominaista synnynnäinen affektiivinen alijäämä, kun taas toissijainen Psykopaatit ovat ominaista affektiivinen häiriö, joka kehittyy seura uksena vaarallisten vuoro vaikutusten keskipitkän Ympäristö. Jotkut Psykopaatit osoittavat merkkejä ensisijainen psykopatia mukana persoonallisuuden piirteitä, kuten itsekeskeinen, manipuloiva, petollinen, ja puute katumusta kohti uhreja ja maailman kaikkeuden. (1941) sanoi, että toissijainen Psykopaatit näytteille niiden oireita kuin emotionaalinen mukauttaminen haitallisia tekijöitä koti ympäristössään. Capiman (1941) väitti, että toissijainen Psykopaatit kehittää piirteitä psykopatia on pyrittävä selviytymään niin haitallisia ehtoja kuin vanhempien hyväksikäyttöä ja hylkäämistä. Osa syy väärinkäyttö perustuu tekijöihin, kuten alkoholismi, perhe väkivalta, ja laiminlyönti. Vanhemmat, jotka näytteille alkoholiriippuvuus, tai huumeita, ovat todennäköisemmin lapsia, jotka kehittävät psykopaatteja ja muita neurologisia vammoja.

He myös thearized että ensisijainen ja toissijainen Psykopaatit eroavat niiden tärkein affektiivinen ja ihmis suhteet piirteitä ja että niiden taso impulsiivisuus ja aggressio voi vaihdella. Koomikko (1941) väitti, että *toissijainen psykopatia mukanaan sen taustalla masennus, ahdistus ja*

neuroosi luonnetta ei ole läsnä ensisijainen psykopatia.

Dr. Hare (1999) kuvailee psykopaatteja kuin saalistajat, jotka

käyttävät charmia, manipulointia, uhkailua ja väki valtaa hallita toisia ja

tyydyttää omia itsekkäitä tarpeita. Monet käyttävät suostuttelun saada

mitä he haluavat, käyttämällä charmia pelotella ja manipuloida. Tämä

unimmiachable asenne, manipulointi ja viehätys käytetään osoittamaan

muille, että ne voidaan luottaa, kulkee moraalisia yksilöitä. Psykopaatit

ovat taitavia sanoa yksi asia ja tehdä toinen, ja kertoa ihmisille, mitä he

haluavat kuulla saada aikaa seuraavalle järjestelmälle. Ne voivat olla

erittäin vaikutusvaltainen muita kohtaan. Hänen kyvyttömyys muodostaa

liitteitä tai empatiaa muille (muun muassa) johtaa psykopatia.

Alkene (1941) uskoi myös, että ensisijainen Psykopaatit ovat

"poissa tietoisuus", kun taas toissijainen psykopaatteja on "häiriintynyt

omatunto." Mukaan Informant (1941), toissijainen Psykopaatit kokevat

samaa korkeaa viha mielisyyttä kuin ensisijainen psykopaatteja, mutta

toissijainen Psykopaatit edelleen pystyä kokemaan korkeampia inhimillisiä

tunteita, kuten empatiaa, syyllisyyttä, rakkautta Tai halu hyväksyntää.

Ensisijainen Psykopaatit ovat vähemmän impulsiivinen kuin toissijainen

Psykopaatit. Informant (1941) ehdotti myös, että ensisijainen Psykopaatit

usein toimia instrumentally maksimoida oman edun tai jännitystä, kun

taas toissijainen Psykopaatit toimivat usein reaktiivisesti tunteita, kuten

vihaa ja kostoa.

Informant (1941) uskoi, että tämä reagoiva vaste oli seurausta

taustalla Neurotic konfliktin toisen psykopaatti. Voit kysyä, mitä se on:

"Neurotic konflikti?" Mukaan Freud yleensä, neuroosi edustaa esimerkiksi

silloin, kun ponnistelut ego käsitellä sen toiveet sorron kautta, siirtymä,

jne. Lisäksi se voi liittyä häiriö, kuten hypochondria tai Neurastenia, jotka

johtuvat mitään näkyvää vahinkoa tai orgaanisen muutoksen ja joissa

oireita, kuten turvattomuutta, ahdistusta, masennusta ja irrationaalisia

pelkoja, mutta ilman psykoottisia oireita Esimerkiksi harhoja tai

hallusinaatioita.

Teoria hälyttävä (1941) sijoitettu tätä työtä edelleen tutkia alun

perin hypoteettinen yhtenäinen rakennelmat psykopatia on 70%

korkeampi kuin ensisijainen psykopaatteja 58%.

Kolme tärkeimpiä merkkejä: ne ovat runsaat suullinen viestintä, kuidut ja manipulaattorit.

1) suullinen viestintä:

Psykopaatit tietävät, että ne ovat erilaisia, tärkeä kohta on erinomainen suullisen viestinnän ja voi hypätä mihin tahansa keskusteluun ilman ujous. Esimerkkinä, yksi monista merkkejä mielisairas voisi kerran puhua ystäville; Psykopaatti voi osallistua keskusteluun tuntematta häpeää. Jotkut heistä ovat motivoituneita lukea ihmisiä, saada ystäviä ja varmista, että he saavat mitä he haluavat jokaisesta ystävältä tai sukulainen. Sen ' erittäin helppo ajaksi heidät jotta kerätä kerrakseen ilmianto jokseenkin te ja hankkia mikä te kuin eli dont ' kuin. Epäilemättä he voivat tietää, mitä heidän tarpeensa ovat, niiden yhtenäisyys, niiden asenne, heikkoudet ja heikkoudet. Heillä on lisää viisautta elämän että emme ole, koska sitä käytetään oman etenemisen. Maailma heille on peli, ja kaikki ne on tehtävä on siirtää leluja ympäri voittaa.

Te kanisteri kin heilahdus keskeinen seikka ennen kuin te hankkia korjata avain jotta auki ä; Se opastaa sinua missä haluat olla tai mitä tarvitset. Olipa tilanne mikä hyvänsä, ne ovat aina oikeassa, ja me olemme väärässä. He toimivat ikään kuin he olisivat uhreja, ja olemme roistoja, jotka eivät ymmärrä, kuka tai mikä heidän tarpeensa ovat. Ne ovat teroitettu jollain tavalla, mutta tietämättömiä toisissa. He eivät ymmärrä, miksi pysähdyimme puhua heille, tai soittamalla heille, miksi? Oliko minulla hyvä ystävä, serkku, Täti, veli, Sisko? Miksi he lopettavat kutsuvan meitä? Vastaus on yksinkertainen, luemme tämän kirjan lisäksi muita kirjoja kirjoittanut Hare ja tulemme tuntemaan, kuka olet.

Lähdettyään perheeni ikuisesti, muutimme toiseen valtioon. Tällä hetkellä en paljasta tietoja vain turvallisuussyistä. Tässä uudessa elämässä löysimme pari henkilöä, jotka vakuuttivat meille, että he olivat meidän uusia "ystäviä". Mieheni piti siitä, ja nautimme monta käyntiä hänen talonsa sekä meidän. Eräänä päivänä, joukossa käyntiä, me luiskahtanut suuri tapaus, joka merkitsi ystävyytemme ikuisesti. Tässä nimen omaisessa osapuoli, ostimme joitakin juomia, erityisesti Sangria ja muita syötäviä elin tarvikkeita. Lopussa puolue, me keräämme kaikki kohteet poistua. Mitä puuttui olivat asioita ostimme puolue, ajattelimme. Saapuessaan, mieheni huomasi, että jotkut erät ostetaan puolue oli vielä autossa. Psykopaatti (sociopath kuvattu sivulla...) otti Sangria hänen kanssaan kotiin nauttimaan kertomatta meille. Jäseneltä? Psykopaatit pelaavat peliä, ja he haluavat aina olla voittajia. Kun ostaa kaikki nämä erät, ne olisi pitänyt jättää se osapuoli kaikkien nauttia. Tämä on esimerkki häiriö tyypillistä käyttäytymistä psykopaatteja ja tarve voittaa ja saada jotain heille omalla vastuullaan. Toki, kun tämä tapaus, he eivät koskaan nähneet meitä uudelleen. Et koskaan tiedä, mitä seuraava huijaus on tai rukoilla...

2DA Lie:

Miksi ne valehtelevat? On vaikea saalis niitä valhe, mutta mikään ei ole mahdotonta. Useimmat ihmiset eivät näe heidän valheensa; Ne perustuvat psykoottinen valhe. Valehtelee palvelee monia tarkoituksia lievittää uhrien epäluottamusta tai huolen aiheita ja vahvistaa niiden psyko-fiktiota. Kuten jänis mainittu kirjassaan "käärmeet puvut", he ovat taiteilijoita luomiseen niiden vakuuttavia tarinoita ja selityksiä. Nämä taiteelliset tarinat auttavat heitä vakuuttamaan toisia käyttämällä viihdettä ja selityksiä tai heidän kasvonsa. Nämä psykopaattinen yksilöt ovat kuolemattomia, joita ei näy tunteita, he eivät voi tuntea; Heillä ei ole kasvoja; Heillä ei ole tunteita ja voi heijastaa niiden tarinoita ilman kasvojen ilmaisuja. Hare (2003) oli tarkka, kun se sanoo; Ne ovat "taiteilijoita" luomisessa niiden vakuuttavia tarinoita ja selityksiä. Perusavain ymmärtää psykopaatti, katsoa taakse peilisi, ja sinun pitäisi *löytää. Ne eivät ole vain taiteilijoita, mutta myös erinomaisia taiteilijoita.*

Lisää kirjoja olisi kirjoitettava kokemuksia toisen kirjailija, joka käsittelee

psykopaatteja.

Mistä tiedämme, keitä he ovat? Oppiminen ja lukeminen lisää

kirjoja ja ymmärrystä määritelmiä viehättävä, taiteilija, karismaattinen,

kättelyssä ja nähdä ne, mitä he ovat, psykopaatteja. Sitä paitsi, meidän

täytyy muistaa he Psycho valehtelijoita. Useimmat tarkkailijat eivät näe

valheiden läpi, mutta jos keskitymme "yksityiskohtiin", meidän täytyy

nähdä niiden todelliset identiteetit.

Hare ja babiak mainittu valehtelee ja vakuuttava toiset, ja

käyttää viehättäviä selityksiä on tehty ajatus vahvistaa ympäristön

luottamuksen, hyväksymistä, ja aitoa iloa. Heistä tulee opettajia

valehtelee ja tehdä toisten mielestä ne ovat merkki yhteiskunnalle. Heidän

ensisijainen tarkoitus elämässä on luoda hyväksymistä ja saada muut

uskovat kaiken, mitä he sanovat. Tämä vain antaa heille voimaa pitää

valehtelee.

4) käsittelijät:

Psykopaatit ovat erinomaisia manipuloida muita. Keskimmäinen Veli käyttää manipulointia rakentaa luottamusta ja oli kaikki perheen, myös äitini luottaa kaikkeen, mitä hän sanoi. Hän oli uhri. He menevät sen jälkeen, kun saaliinsa, ja pikkuhiljaa he saavat mitä he ajattelevat on heidän. Ilman tunteita tai tunteita mukana, he voivat jatkos Sakin tehdä mitä he haluavat. Se on pakko ne eivät pysähdy, kunnes he saavat mitä he haluavat. He pitävät peleistä. Heidän mielensä ovat samankaltaisia lauta peli, manipuloimalla niiden pelaajia. Manipulaattorit ovat luonteeltaan suunnitteilla niin, että rikoksen tekijä voi hyödyntää muita, jopa uudelleen loukata hänen alkuperäinen uhri tai muita lapsia. Manipulaattorit todennäköisesti käyttää henkilökohtaisia joukko olosuhteita manipuloida ainutlaatuisella tavalla. Ne ovat valvonnan alaisena on vaikeampaa heidän vahingoittaa niiden uhreja, mutta ilman henkilöä valvoa niitä, niiden tavoitteena on helpompaa. Joskus nämä manipulaattorit etsiä lapsia, koska he eivät ole koskaan oppineet vuoro vaikutuksessa positiivisesti aikuisten kanssa. Silloin vaara alkaa, ja ne on lopetettava. Perheen jäsenten pitäisi olla tietoisia siitä, että manipulointia rikoksen tekijän usein tapahtuu siirtymävaiheen pistettä elämän rikoksen tekijä.

Manipulointia pedofiilit sisältää kaiken, mitä he yrittävät hallita muita ilman avointa, rehellistä ja suoraa tietoa niiden todelliset aikomukset. Psykopaatit ja lasten ahdisteilla erityisesti haluavat manipuloida niiden uhreja, perheitä, tai joku lähellä heitä, että he ajattelevat, he voivat saada jotain huonossa kunnossa itse. He haluavat puristaa mehu pois jokaisen tilan teen tai seikka. Olemme äskettäin kuulleet Castron tapa uksesta. Hän käyttää manipulointia pitää uhrinsa paikallaan, hallinnassa, ja sitten sanoo oikeudessa, että hän ei ole hirviö, tietenkin ne olivat enemmän hirviö, he olivat puhdasta pahaa ja manipulaattori.

Keskimmäinen ex-Brother on manipuloija, ja voi pilkkaa koko perheen avulla äitini "edistäjänä", ajatella hyvä ihminen. Hän ei ole fiksu ollenkaan, mutta kun se tulee pahaa ja manipulointia ne ovat mutkikasta. Paras tapa suoja utua väärinkäsittelystä on puhua, luoda tietoisuutta, kommunikoida toistensa kanssa; Tämä ei vain palvelee pitämään lapsemme turvassa, mutta koko yhteisölle. Manipuloinnin on oltava vakavasti otettava; Se voi olla katastrofaalinen perheille. Se on myrkyllinen persoonallisuus oli manipulaattori hitaasti ottaa täyden määräys vallan uhrien ja sitten hyökkäykset. Pyrin tekemään perhe ymmärtää, kuinka vaarallista psykopaatti voisi olla, antaa tietoa rikoksen tekijältä ja kerätä tietoa siitä, mitä hän on tehnyt muille. Jos et voi uskoa, että ei ole paljon voin tehdä, hän on pystynyt manipuloimaan niitä avulla äitini kampanja. Juuri nyt voin vain kertoa teille, mitä tapahtui ja kuka olet tekemisissä, mutta en voi avata silmäsi tai mielenne heille, se on jopa meitä näkemään, mitä edessämme, ymmärtää, kuka luottaa, mitä ei luota, ja miksi. Tulokset voivat olla tuhoisia Psycho/sosiopaatti/lapsi ahdin elämässään. Voin vain tehdä niin paljon auttaa toisia, ja Kiitos luoda tämän kirjan voin auttaa toisia.

Lapsi riski tekijät

Muistelin, kun olimme vähän, kuinka paljon olisin vaivaudu. Hän aikoo pitää jalkani pitää minut kävelemässä ympäri taloa ja aion itkeä paljon. Olin aina pelkää, hyvin ujo iässä viisi. Sinun on vihainen, että äitini huomio minulle oli vahvempi kuin hän, koska olin pieni vauva talossa. Lapset keskellä kasvaa ongelmia ja tunteita luopumisen. Mitä kuulin eräänä päivänä yksi minun tädit oli, että minulla oli paljon ongelmia seurustella muiden kanssa. Heidän ongelmansa alkoi varhaisesta iästä, ja olen varma, että äitini tiesi perustuu hänen toimintansa ja piilotti ne. Hän oli liian pieni huomata mitään. Psykopatia ei näy ihmeellisesti myöhemmin elämässä, lapset ovat syntyneet tämän häiriön persoonallisuus. Tutkimus osoittaa selvästi, että raaka-aineet häiriö voi ja on olemassa lapsilla.

Todellinen ongelma on jatkuva malli anti-sosiaalinen käyttäytyminen lapsuudessa ja nuoruudessa, kuten rikkoo sosiaalisia sääntöjä, aggressio eläimiin tai muihin lapsiin, omaisuuden tuhoaminen, petos, Varkaus, ja vakavat rikkomukset Standardien. On kuusi eri diagnoosit käytetään DSM-IV anti-sosiaaliset käyttäytymiset lapsuuden:

1. Behavioral häiriöt, joissa rakenteessa aggressiivista käyttäytymistä kohti henkilöitä tai eläimiä, omaisuuden tuhoaminen, poissaolot, rakenteessa petos, ja/tai vakavia rikkomuksia sääntöjä kotona tai koulussa.

2. Defiant opposition häiriö (pariton)-Tällaiset lapset ja nuoret yleensä näytteille rakenteessa haastava ja tottelematon käyttäytyminen, mukaan lukien vastustus kyky viran omaisen lukuja, mutta ei niin vakava kuin käyttäytymisen häiriö. Tämä sisältää toistuvia temperamentti ongelmia, usein keskusteluja aikuisten kanssa, ja todisteet vihaa ja kaunaa. Lisäksi Defiant lapsi/teini-ikäinen yrittää usein ärsyttää muita.

3. nonspesifinen häiritsevä käytös häiriö (DBD-NOS)-Tämä on luokka niille, jotka näyttävät CD käynnissä ja outoa, mutta eivät täytä kriteerejä mitään diagnoosia.

4. Setting Disorder: with sekavin häiriö tunteita ja käyttäytymistä-

tämä on erilaisia antisosiaalinen käyttäytymistä ja emotionaalisia oireita,

jotka asetetaan kolmen kuukauden kuluessa stressor ja eivät täytä

kriteerit häiriöt mainittu. Aiemmin.

5. säätö häiriö: kanssa käyttäytymisen muutos-tämä on

samanlainen kuin muut säätö häiriö, mutta antisosiaalinen käyttäytymistä

vain.

6. anti-sosiaalinen käyttäytyminen lapsen tai nuoren-tämä luokka

on eristetty antisosiaalinen käyttäytymistä, jotka eivät ole osoitus mielen

terveyden häiriö.

2) Psycho Woman

Nainen psykopatia:

Nainen psykopatia on erityisen epäselvä, koska se on helppo

tulkita väärin normaalin dramaattinen naisten käyttäytymistä. Jotkut

sosiaali-ja käyttäytymiseen tieteen asiantuntijat ovat valmiita

hyväksymään, että naiset voivat osallistua reaktiiviseen väki valtaan,

kuten osallistuminen itsepuolustukseen; He kieltäytyvät hyväksymästä

ajatusta, että naiset ovat halukkaita ottamaan aikaa ja suunnitella

väkivaltaisia toimia.

Analogisesti paljastaa, miksi se on niin vaikea ihmisten kuvitella naisten psykopaattinen saalistajat (Pearson, 1998). Kaikki naiset on tarkoitus olla Isän vastaus, vaikka se on ahdistunut reaktio tai hulluutta. Nainen, joka kasvaa villi ja raivoissaan poikansa kanssa, hänen ratkaisunsa tulkitaan sitoutumista (Pearson, 1998). Mitä tapahtuu, jos lapsella ei ole kykyä vaikuttaa häneen ollenkaan? Tämä lapsi on näkymätön, tuhottu. Kauheimmat tapa ukset lasten hyväksikäyttöä ovat ne, joissa lapsi on jätetty huomiotta tai laiminlyöty. Mikään ei voi olla niin uhkaa ego lapsuuden muistetaan ajatus äidin välinpitämättömyys ja laiminlyönti, ei vain psykopaatteja; Tämä on yksi yleisimmistä muodoista äidin aggressio (Pearson, 1998).

Vaikka miehet ovat todennäköisemmin osoittamaan ominaisuuksia psykopatia kuin naiset, cleckley (1988) kuului nais aiheista joukossa proto tyyppien tapa uksissa

Cordura Mask, mikä viittaa siihen, että täydellinen psykopatia oire yhtymä esiintyy molemmissa sukuissa. Mukaan Expert psykopaatti Hare (1999), on monia kliinisiä tilejä naisten psykopaatteja, mutta suhteellisen vähän empiiristä tutkimusta. Tämä kirjailija uskoo, että suku puoli stereotypiat ja seksuaalinen rooli tuomiot ovat joitakin syitä puute tutkimuksen naisten psykopatia. Jotkut ihmiset yleensä yhteydessä epäsosiaalinen käyttäytyminen naisten muodossa persoonallisuus häiriö tai raja tapauksia häiriö.

Verrattuna tietoihin, joita Hare (2003) mies rikoksen tekijöiden, erot tekijä maksut yksittäisten osien LCP-R on löydetty nais rikoksen tekijän näytteitä. Hare (2003) kertoo, että samanlaisia tutkimuksia käyttäen itseraportoituja toimenpiteitä, jotka perustuvat psykopaattinen vertailu viittaavat siihen, että mies yleensä Pisteet enemmän näistä toimenpiteistä kuin naisilla, vaikka tämä malli on pätevä kourallinen tutkimuksia, jotka eivät löydä merkittäviä suku puolten välisiä eroja. On hyvin mielenkiintoista, miten Hare (2003) jatkuu ja osoittaa yleisyys psykopatia ja sen toimenpiteet suku puolen kautta; On myös tarpeen pohtia välineen rakenteen ja artiklan toimivuuden vertailtavuutta.

Kuten Hare (1999), epäjohdonmukaisuus rakenteen tekijä suku puolen kautta voisi heijastaa rajoituksia alkuperäisen mallin kaksi tekijää. Hare (2003) ja hänen kollegansa suoritti yksityiskohtaisen tarkastelun käyttäen neljän puoli malli kanssa 138 nais vankien. Tulokset vastaan ehdotuksia, että psykopaattisia yksilöitä ei voi hyötyä hoidosta ja niiden aiheuttaa mahdollisuuden suku puolten välisiä eroja vasta uksena hoitoon (Hare, 2003). Psykopathic naiset luokitellaan narsistit. He käyttävät toisia keinona oman tyydytyksen, ja luopua niistä, kun niitä ei enää tarvita.

Psykopaattinen naiset aina ottaa, ei koskaan anna. Naisten Psykopaatit käyttää myötätuntoa kuin saalis muille. He ovat uhri. He hyödyntävät heikkous he näkevät toisissa. Ne näyttävät heikko, säälittävä houkutella huomiota ja myötätuntoa alentaa vartija tarkoitettu uhri. Lisäksi jotkut naiset käyttävät seksiä koukku tasapainoilemaan useita uhreja takkuinen suhteita. Esimerkkinä, että elokuva vapautumisen Heartbreaks, vuonna 2001, molemmat naiset valutettu energia-ja rahaa niiden uhri, kunnes ne toimi mitään tarkoitusta.

Myös Hare (2003) selitti, epäjohdonmukainen tuloksia suku puolen suhteen suhdetta psykopatia ja rikollinen ja väkivaltainen käyttäytyminen. Tämä toteamus voi heijastaa laajempia epäjohdonmukaisuuksia kehittämiseen anti-sosiaali-ja aggressiivisia käyttäytymis malleja suku puolen kautta. Tunnustaa, että suku puoli erot aggression kehittämisessä lapsuudessa ja nuoruudessa voivat osaltaan vaikuttaa psykopatia-Peruskurssien eroihin suku puolen avulla. Hän totesi myös vähemmän voimakas ennustus väki vallan naisilla kuin uros yksilöiden. Hare (2003) todetaan, vain harvat tutkimukset, on tehty tutkimaan suhdetta psykopatia sinänsä, toisin kuin rikollisuus ja vangitsemisesta ja muut psykopatologian naisilla. Toinen äskettäinen esimerkki on Jody Arias on kylmäverinen murha ja psykopaatti. Se on hyvin laskettu ja manipuloiva. Heidän tärkein tavoite on voittaa ja saa kiinni.

Arias alussa suljettu tutkijat selvittää, mitä oli tapahtumassa, valehtelee

heille. Psykopaatit ovat innoissaan päästä liian lähelle uhrinsa tai ajatella,

että he pakenevat murhasta. Jody Arias oli saada tunteita lähestymällä

tutkijat, saamatta kiinni. Sen päätavoitteena oli "ei" kiinni; Se on heidän

tavoitteensa. Se voidaan helposti irrottaa todellisuudesta. Kömpelö

käyttäytyminen Aria, kypsymättömyydestä, itsekeskeinen ja narsistinen

persoonallisuus ovat osa hänen psykopatia. Hän on epärehellinen henkilö,

psykopaatti yrittää päästä pois sen kanssa. Kun hän haluaa päästä pois

jotain, hän huutaa tai antaa hänelle pään särkyä. Arias itkee, ei siitä, mitä

hän teki, luultavasti itkee, koska hän tuntee pahoillani itselleen. "it's All

hänestä." Joskus on vaikea nähdä Jody Arias kuin Psycho Killer, he

sanoivat: "hän on kaunis." Esiintymiset ei ole mitään tekemistä psykopatia

naisten ja miesten; Sen ' aivan jklle sukua oleva jotta-nsa murskata toimia.

Arias kärsii raja tapauksia persoonallisuus häiriö ja psykopatia. Joskus

ihmiset, jotka kärsivät raja tapauksia persoonallisuus häiriöt eivät kata

niiden jalan jälkiä; He tekevät itsemurhan, kun syyllistyvät tällaisiin

pahoihin tekoihin. Mikä on raja tapaus persoonallisuus häiriö? Tärkein

piirre raja tapauksia persoonallisuus häiriö (DBP) on yleistynyt rakenteessa epävakautta ihmis suhteissa, omakuvaansa, ja tunteita. Ihmiset, joilla on raja tapaus persoonallisuus häiriö ovat myös usein hyvin impulsiivinen.

Tämä häiriö esiintyy enemmistön varhaisessa aikuis iässä. Epävakaa malli vuoro vaikutuksessa muiden kanssa on jatkunut vuosia. Ihmis suhteet ja tunteet henkilö voidaan usein luonnehtia pinnallinen.

Henkilö tämä häiriö on myös usein näytteille impulsiivinen käyttäytymistä ja on suurin osa seuraavista oireista:

❖ *Kiihkeä pyrkimyksiä välttää todellisia tai kuvitellut luopumista*

❖ *Rakenteessa epävakaa ja voimakas ihmis suhteet, jotka on ominaista vuorotellen ääri päiden idealization ja devalvaatio*

❖ *Identiteetti häiriöt, kuten mielekäs ja jatkuva epävakaa itsekuva tai itsetietoisuus*

❖ *Impulsiivisuus vähintään kahdella alueella, jotka ovat potentiaalisesti vahingoittamatta (esim. menot, suku puoli, päihde, piittaamaton ajaminen, liiallinen huumeidenkäyttö)*

❖ *Toistuva itsemurha käyttäytyminen, eleet tai uhat tai Crazy Behavior*

❖ *Emotionaalinen epävakaus johtuu merkittävästä mieliala reaktiivisuus (esim. voimakas episodimainen dyssforia, ärtyneisyys, tai ahdistusta, että yleensä kestää muutaman tunnin ja vain harvoin enemmän kuin muutaman päivän)*

❖ *Krooninen tunteet tyhjyyttä*

❖ *Sopimaton, voimakas viha tai vaikea valvoa vihaa (esim. usein temperamentti näyttää, jatkuva viha, toistuva fyysinen taistelee)*

❖ *Ohimenevä, stressiin liittyvät vainoharhainen ajatukset tai vaikeat dissosiatiivinen oireet*

❖ *Kuten kaikki persoonallisuus häiriöt, henkilön on oltava vähintään 18-vuotias ennen diagnosoidaan hänen kanssaan.*

- ❖ *Psykopatian raja-asema on yleisempää naisilla. Raja tapaus persoonallisuus häiriö uskotaan vaikuttavan noin 2 prosenttia väestön.*

- ❖ *Jody Arias kuin elää vanhempiensa kanssa oli väärin hänelle, koska he halusivat valvoa hänen elämänsä, ja hän halusi tehdä mitä hän halusi. Hän mainitsee, että hän oli fyysisesti väärin hänen vanhempansa, kun hän ei tee sitä, mitä he odottivat häneltä, joka teki hänen väärinkäyttöä suhde.*

Sosiaaliset taidot lapsi ahdin:

"psykopaatti keksii todellisuuden, joka sopii hänen tarpeitaan" (Grondahl, 2006). *Tämän kirjoittajan tutkimus psyko-persoonallisista persoonallisuus ryhmistä ei ollut merkittävästi erilainen lapsuuden fyysisen tai seksuaalisen hyväksikäytön historiassa; Kuitenkin suurempi osa toisen Psykopaatit todistavat historian fyysisen ja seksuaalisen. Cleckley (1988) mainitsee, että jos arvioidaan hänen käyttäytymisensä,*

*hänen asenteensa, tai materiaalia otetaan psykiatrisessa tutkimuksessa,
se osoittaa mitään häpeää. Tämä kirjailija vanhempi mies veli osoitti
mitään tunnetta tunteita tai huolta väärinkäytöstä, samoin kuin mitään
merkkejä katumusta; Hän oli liikkuton kuin jos mitään ei olisi tapahtunut.
Cleckley (1988) kertoo, että Psykopaatit ovat aina täynnä urotekoja, joista
jokainen olisi lakastua jopa kaikkein callous edustajia tavallisen ihmisen.
Hän ei kuitenkaan pysty protesteistaan huolimatta Näytä pienintäkään
näyttöä nöyryytyksestä tai katumuksesta (Neumann, 2007).*

*Tämä vanhempi mies veli kirjailija puuttuu moraalisia normeja
ja ihmis kuntaa. Hänen käyttäytymisensä oli aina yksi paremmuus. Hänen
todellisuutensa rakennettiin hänen edukseen, ilman katumusta tai seura
uksia takana hänen toimintansa. Tämä kirjailija voi täysin arvostaa ja
ymmärtää hänen julma psykopatia, kiitos psykoosi tutkimus,
persoonallisuus häiriö; Osa heidän toimistaan ja käyttäytymisestään;
Opportunisti ja psykopaatti, joka oli vapaa tekemään mitä hän halusi
päästä eroon. Hän on klassinen psykopaatti. Hare (1999) mainitsee puute
omantunnon ja tunteet psykopaatteja; Kylmässä veressä he ottavat mitä
he haluavat ja tekevät niin kuin he ystävällisesti, rikkoo sosiaalisia
normeja ja odotuksia ilman pienintäkään tunnetta syyllisyyttä tai
katumusta.*

Viimeaikaiset tutkimukset osoittavat, että on olemassa suhde psykopaattinen persoonallisuus häiriö ja jonkinlaista seksuaalista väki valtaa nuoruus iässä (Shohov, 2002). Shohov (2002) toteaa myös, että suhde lasten hyväksikäyttöä ja psykopatia on paljon vähemmän selvä. Perustuu havainto tutkimuksen, olemme sitä mieltä, että jotkut seksuaalirikollisten voidaan luokitella seksuaalinen Psykopaatit, rikolliset, joiden seksuaalisesti poikkeava käyttäytyminen on suunnattu eri uhri profiileja ja jotka ovat Motivoivat lähinnä tunteiden ja mahdollisuuksien etsiminen (Shohov, 2002). Tutkimus, joka edistää tällaisten yksilöiden ymmärtämistä, tiedottaa tästä prosessista ja parantaa sitä. Tekijä, joka edistää merkittävästi rikollisuutta yleensä ja seksuaalisesti poikkeava käyttäytyminen, erityisesti, on tähdistö piirteitä tunnetaan psychopathies (Shohov, 2002). Seksuaalista psykopaatteja, olemme sitä mieltä, että se on seksuaalinen elementti ja tyyppi uhri, jotka ovat tai tuolloin erityisesti tavoitteena väkivaltainen harjoittamisesta tunteita (Porter 2000).

Porter (2000) oletetaan, että psykopaattinen yksilöt ovat yli rikoksen tekijöissä, jotka seksuaalisesti loukata erilaisia uhreja. Seksuaalirikollisten alkeellisinta luokittelu järjestelmää erottaa pedofiilit ja lapsi ahdistelit (Shohov, 2002). Lapsi ahdisteli ovat opportunistit, olosuhteissa ja skenaarioita syyllistyvät rikoksiin. Väärinkäyttäjät etsivät helppoja tavoitteita, enimmäkseen lapsia, joille he tietävät, ja ovat perustaneet suhteen. Keskimääräinen mies veli tämän tekijän näki mahdollisuuden tyydyttää hänen seksuaalisen kehottaa ja otti sen. He jättivät minut hylätty ilman vanhempien valvontaa, heidän psykopaattisia predispositiot tuli helpommaksi hänelle kiitos. Toisaalta, että psykopaatti ensisijainen toimeentulo on valehdella, ilman fysiologisia reaktioita. Valehteleminen on sinun tärkein ase. Valehteleminen on perustelu niiden päät, joilla on oikeus aiheuttaa vahinkoa ja valhe on yhtä luonnollista kuin hengittäminen heille. Psykopaatit kun he ovat loukussa valhe, yrittää paeta luoda enemmän valheita.

Keitä kampa ajat ovat? Ne ovat ensimmäinen, joka on huvitti aikuisten kanssa nimen omaisista tarkoitus saada vapaa pääsy lasten viattomia mutta tietämättömiä aikuisille (van Dam, 2006). Pedofiilit myös kallistua kohti niitä, jotka ovat todennäköisemmin liian kohtelias puolustamaan niitä, liian ujo ja innokas kertomaan heille lähteä, liian riippuvainen olla energinen, ja liian vaikuttunut niiden sijoitus, teho, asema tai Rahaa tehdä oikein (van Dam, 2006). Lasten ahdin on tarkoituksella liittynyt aikuisten ja ei voi puuttua näihin ongelmiin. He etsivät aikuisia, jotka välittävät vahingoittaa ihmisten tunteita. He rakas tavat aikuisia, jotka eivät usko sitä voisi tapahtua. Dam (2006) mainitsee

teoksessaan "sosiaalisesti koulutettujen pedofiilit", lapset, jotka ovat

eniten alttiina on seksuaalisesti väärin nämä kampa ajat ovat lapsia

ympäröivät aikuiset, jotka eivät kestä oppia lapsen ahdisteltu (van Dam,

2006). Siksi nämä aikuiset voivat siis olla todennäköisemmin tervetulleita

väärinkäyttäjien lasten kodeissaan, järjestöissä tai yhteisöissä, sivuuttaa

todisteita, voittaa huolta ja puhua usko mahdollisista epäilyistä (van Dam,

2006). Siksi, väärinkäyttäjien lapset, jotka ovat riippuvaisia seksiä lasten

kanssa ovat todennäköisemmin näkyvät, jos lapset kokoontua. Joskus

kaikki mitä sinun tarvitsee tehdä, on saada chat ja perustaa tapaaminen

lapsen kanssa ilman vanhempien lupaa. Valvomaton lapsi on nopeampi

kuin lapset, jotka ovat jatkuvasti alle vanhemman kilvet. Jotkut kampa

ajat ottaa askeleen pidemmälle ja järjestää ihmisiä pois kotoa.

Sosiaalisen ympäristön valmistelu on vielä senkin jälkeen, kun rikollinen

myöntää tai tuomitaan. Rikoksen tekijä tässä tapa uksessa

keskimääräinen veli tarjosi huolehtia hänen pikkusisko väärinkäyttää

häntä. Hän käytti kieltäminen keinona paeta tilannetta. Se on ominaisuus,

että useimmat seksuaalirikollisten ja lasten ahdin kieltää, mitä he tekivät.

Tämä kirjailija on tarjota esimerkki keskimääräinen sairas veli ja

valmiutta. Tämä on osa tarinaa, joka liittyy WC. On tärkeää ymmärtää, että Psykopaatit ovat erittäin manipuloivaa. He kärsivät persoonallisuus

häiriöstä, ja lasten väärinkäyttäjät järjestävät uhrinsa.

Psycho Stalker ja lapset ahdisteli minua useita kertoja vähän ja

vanhempia. Se tapahtui, kun muutimme Kuubasta Madridiin, Espanjaan.

Keskimääräinen veli ei koskaan veli, joka antaisi hemmetin hänen

pikkusisko. Hän ei koskaan ota minua kävelemään tai puhua minulle.

Kunnes päivä, hän alkoi vahvistamisesta ja väärin tämän uhrin. Kun olin

lapsi kukaan kiinnittänyt paljon huomiota tähän kirjailija, lukuun

ottamatta joitakin serkut Madridista. Äitini ja isäni ei ollut tyypillinen puhe

kielen tyyppi ja he eivät kiinnitä paljon huomiota minulle. Vanhempi veli

oli aina tekemässä omaa juttunsa ja koskaan kiinnittänyt huomiota

minuun. Sillä Big Brother ottaa minut ulos oli fiasko, hän ei halunnut

huolehtia minusta. Niin, psykopaatti tiesi, että hän aikoi onnistua tämän

kirjailijan valmistelussa. Se on helppo tehtävä hänelle. He jättivät minut

pahan käsiin.

Iässä kaksitoista ja kolmetoista minun kehitys muuttui hyvin

nopeasti, ja keskimääräinen veli tajusi sen. Hän ei koskaan puhunut

minulle vasta samana päivänä. Olin yllättynyt, että hän ei koskaan

puhunut minulle ennen ja alkoi puhua Superman. Kun olin lapsi, käytin

rakastaa Superman, ja minulla oli juliste hänestä omassa huoneessa.

Eräänä päivänä hän tuli huoneeni ja kertoi minulle Superman ja sanoi mukavia asioita hänestä, ja että hän aikoo ostaa enemmän Superman juliste juuri minulle. Trimmaus prosessi kesti viikon tai kaksi ja sitten alkoi ottaa pois vaatteeni. Iässä kaksitoista, tämä kirjailija ei ollut aavistustakaan, mitä hän halusi. Vähitellen hän lähti vaatteeni ja ahdisteltu minua iässä kaksitoista, kolmetoista, neljätoista, viisitoista ja seitsemäntoista. Lapsi ahdin on lähes kuusi vuotta vanhempi kuin tämä kirjailija; Tuolloin kävi niin, että se oli todennäköinen kahdeksantoista, yhdeksäntoista, kaksikymmentä, kaksikymmentä-yksi ja kaksikymmentäkaksi. Hän tiesi, mitä hän oli tekemässä. Minulla on tapana näyttää pornografisia lehtiä iässä yksitoista ja pyytää minua avaamaan jalkani ja aiheuttaa kuin tyttöjen lehdissä. Hän ei ole vain lapsi ahdin, vaan myös kampaaja, psykopaatti ja paskiainen. Et tee sitä teidän pikkusisko tai ketään, lapset eivät ole syntyneet väärinkäyttää eikä heidän veljensä tai ketään. Valmistelu lopetettiin 14-vuotiaana. Mielestäni eräänä päivänä hän kyllästyi hänen grooming peli, ja eräänä päivänä hän yrittää koskettaa minua edessä äitini ja isoveli. Vanhin veli sanoi hänelle, "pikku sisaret ei saa koskea." Äitini näki sen ja tajusi, mitä oli tekeillä ja asetti minut päivä hoidossa keskustassa ajatella, että tämä pysäyttää hänen sairaalloinen käyttäytyminen minua kohtaan. Äitini ei koskaan sanonut mitään isälleni, koska tiesin, että olisin tappanut hänet. Tämä oli

pahin vaihto ehto ja toiminta voisin ottaa, koska olen jatkanut

väärinkäyttöä. Hän on sika ja paholainen. Voisin hengissä elävien joukossa

villieläimiä, koska olen parempi kuin ne.

Koska pahoinpideltyjen lapsi, meillä on vähemmän kokemusta

dekoodaus kasvojen ilmaisuja. Tutkimus osoittaa, että pahoinpitelyn

lapset ovat vähemmän taitavia decipering kasvojen ilmaisuja. Päätös

lauselmassa Tämä väärinkäyttö on hoito, mutta vaikka hoito ei

väärinkäyttö koskaan lopettaa? Koskaan lakkaa, hoito ei toimi. Mikä

toimii on vankila, tunnistaa niiden ominaisuudet psykopatia/lasten

väärinkäyttäjien ja pois heiltä apua.

Vähentynyt seksuaalinen libido:

Rikoksen tekijä voi kokea vähentynyt hänen seksuaalinen libido,

mutta tämä on vain kiinni ja on vain väliaikainen. Tämä lasku

seksuaalinen libido on nimeltään "Monastic vaikutus", joka perustuu myytti, että munkkeja ei ole merkittävää seksuaalista libido ja siksi eivät

harjoita seksuaalista kanssakäymistä. Tämä vaikutus on lyhytikäinen,

psykologit, jotka eivät käsittele suoraan seksuaalisen kysymyksiä, voi

ottaa Monastic tulos kuin parannus keinoa. Tämä on virhe, jota ei pitäisi

tapahtua. Väärinkäyttäjä lapset voivat käyttää Monastic vaikutus ja

niiden psykopatia saada muut uskovat, että ne ovat parannettavissa, kun

ne eivät ole. Nämä ihmiset tarvitsevat hoitoa heidän koko elämänsä ja

olemassaolonsa; Lapsi ahdin ei ole kovettunut yhdessä päivässä.

Psykologiset seura ukset

Tämä kirjailija on vahvistanut voimakas vaikutus "kovuus".

Seksuaalisesti hyväksikäytettyjä naisia kärsii fyysisesti, psykologisesti ja

emotionaalisesti. Tämä kirjailija kieltäytyy olla uhri. Tämä kirjailija oli

pahoinpideltyjen lapsi iässä kaksitoista ja kärsi huomiota alijäämä häiriö

ja post-traumaattinen stressi häiriöt. Perhe seksuaalisen hyväksikäytön voi

myös kokea "dissosiaatio" vaikuttava puolustus mekanismi muodostuu

aikana jatkuva seksuaalinen hyväksikäyttö, jossa henkilö, joka on väärin

"avulla", heidän ruumiinsa, ja tarkastellaan väärin korkeamman näkö *kulmasta. Uhrit ovat yleensä omia pahimpia vihollisia, koska ne voivat*

vaurio itua mitä he tekevät.

Survivor yhteydessä muiden kanssa: kun vaikutus:

Koska Survivor keskittyy kysymyksiin identiteetin ja läheisyyttä, se

usein tuntuu toinen nuoruus iässä. Perhe, joka on kasvanut väärin

ympäristössä ei ole sosiaalisia taitoja, jotka yleensä kehittyvät tänä

elämän tilassa. Epämukavuutta mainoksen itsetietoisuuden ja

itsetietoisuuden, jotka tekevät normaalia nuoruus iässä myrskyisä ja

kivulias usein suurennetaan aikuisten perhe, joka voi hävetä. Teenage

tyyli selviytyminen voi myös olla merkittävä tällä hetkellä.

Keskeytetty suhde:

Hyvin keskeytyneen suhteen ilma piirissä lapsi joutuu kohtaamaan

valtavan kehitys tehtävän. Minun oli löydettävä keino muotoilla itse, että

on osa päätös lauselmaa. Minun täytyy löytää tapa kehittää tunnetta perus luottamusta ja turvallisuutta kaiken ympärilläni. Minun täytyy

kehittää omaa tunnetta itse suhteessa muihin, jotka ovat avuttomia, huoli

maton, tai julma minulle. Minulla oli kehittää oman itsesääntelyn elin

ympäristössä, jossa ruumiini oli saatavilla joku muu perhe, minun

keskimääräinen veli, psykopaatti. Koska pieni poika, en tiennyt mitä oli

tekeillä ja mitä he tekivät minulle; Minun oli kehitettävä aloite ympäristö,

jos tuon halukkuuden noudattaa täysin väärinkäyttöä ja ahdin- Toisaalta

väärinkäyttäjän on tehtävä sama; Hänen työnsä piilossa on valtava, että

vain psykopaatti voisi tehdä. Huomaan itseni hylätyksi armottomasti;

Minun täytyy löytää luottamusta itseäni, säilyttää toivo ja merkitys. Olen

selvinnyt, koska monet vankeudessa yksilöitä, jotka ovat väärin on mennä

yhdessä kiusaamista, hylkääminen ja kauhua. En tiennyt paremmin, iässä

yksitoista en voinut juosta ja mennä, minun oli sanottava kotiin ja edelleen

uskoa, että ei ollut mitään vikaa luopumista vanhempani, ei ollut mitään

vikaa seksuaalisen hyväksikäytön. Sanoin, "Tämä on salainen minun

täytyy pitää molemmista, tämä oli ainoa rakkauden muoto sain tuolloin ja

ainoa huomio." Että tämä oli osa kasvaa, tämä oli rakkaus antaa eri

tavalla, tai muodossa. Kun elää oman Native maa mennä uuteen maahan,

että huoli maton vanhempani, he jättivät minut käsissä pahan, minun vain

paeta oli ottaa tuskaa, ottaa väärinkäyttö, ja kestää tuskaa.

Kun sinua on käytetty väärin, tunnet syyllisyyttä ja häpeällistä;

Syynä on ikä, en voinut arvioida hyvän ja pahan välillä. Se tapahtui, kun

olin kaksitoista vuotta vanha; Lapsi ei ole kehitetty hallitsemaan. Tämä

kirjailija ei voinut ymmärtää, mitä Lähi Psycho-Brother oli tekemässä

ruumiini ja miksi? Tämä kirjailija oli hyvin nuori, huoli maton, ujo ja

suojaamaton hänen vanhempansa. Olen kärsivät alhainen itsetunto.

I-KIRJAIN etevä jotta elää kauemmin luona ei aiheuttava jalkeilla

odottaa. Joten, olen perustanut ihmisiä, jotka kuuntelivat ja ymmärtänyt

minun tarinani. Hän löysi myötätuntoa ystävistäni ja muukalaisia, että

oma liha ja verta. Olen käyttänyt myötätuntoa toisia kohtaan ja oppinut

elämään vapaa kivusta.

Liittyvät dissosiaatio on seksuaalinen "puutuminen", joka on

seurausta lapsen halukas hänen ruumiinsa tunnoton vastaan jännitystä

aikana ei-toivottuja Touch (Scott, 2008). Valitettavasti tämä puolustus

mekanismi voi johtaa tunne dissosiaatio aikana haluttu seksuaalinen

aktiivisuus rakastettusi myöhemmin elämässä.

Kun naiset ovat ahdisteltu kuin lapset, haitta vaikutukset voivat olla voimakkaita. Nykyiset suhteet voivat olla kielteisiä vaikutuksia. Antaminen ja vastaanottaminen emotionaalista tai fyysistä läheisyyttä on usein vaarantunut. Naisen pelot voivat heijastaa hänen tunteitaan lapsilleen.

Lisäksi, muut häiriöt seura uksena vaikea väärinkäyttö lapsuudessa ovat depersonalization häiriö. Tämä voi olla fyysistä, henkistä tai seksuaalista luonnossa.

Tulokset 2002 osoittavat, että emotionaalinen väärinkäyttö erityisesti on vahva ennustaja depersonalization häiriö aikuis elämään, sekä depersonalization kuin oire muissa mielen terveyden häiriöt; Analyysi tutkimuksen 49 potilasta diagnosoitu depersonalization häiriö ilmoitettu korkeammat tulokset kuin ohjaus aiheita kokonaismäärä emotionaalisen hyväksikäytön kärsinyt ja suurin vakavuus tämän väärinkäytön (Scott, 2008). Tutkijat päätteli, että emotionaalinen väärinkäyttö on suhteellisen laiminlyöty psykiatrien verrattuna muihin lapsen trauma (Scott, 2008).

Päätelmä: konfliktien ratkaiseminen:

Tämä kirjoittaja on työ konfliktien ratkaiseminen on päästää irti

kaikki ärsytys, viha, kaunaa, epämukavuutta, ja pettymys. Ei ole paljon

voimme tehdä menneisyytemme, mutta voimme muuttaa tulevaisuutta

lastemme huolehtimaan niistä. Hän auttoi minua kirjoittamaan tämän

kirjan ja kerätä kaikki tiedot tutkitaan. Se auttoi minua uhri näkee toisella

puolella todellisuutta, todellisuus väärinkäyttäjä ja psykopaatti.

Käytännön syistä useimmat ihmiset luottavat siihen, miten ihmisten pitäisi

toimia. Kokemukset käsitellä lapsen väärinkäyttäjä ja psykopaatti auttaa

minua selvästi ymmärtämään niiden harhaanjohtavia kirjoituksia. Hän

osaa piilo utua naamion taakse, ja hänen manipulointunsa tekee hänestä

asiantuntijan saadakseen toisten hyväksynnän. Ei ole väliä kuinka monta

kertaa selitän tarinani, vain toiset ymmärtävät sen, kun he joutuvat

kohtaamaan saalistajan ja silloinkin kun edessämme saalistajat, että

emme voi nähdä niiden läpi. Tehdä hänen psykopatia on vaikea saalis.

Rikoksen tekijä on aina piilottanut totuuden itsestään muilta. Hän on

myös tietoisesti paljastaa osia elämästään, joka vähentäisi epäilyä. Hän

on oppinut lukemaan reaktioita muiden ja kalibroida, kun muut voivat olla

epäilyttäviä. Hän on taitava huijari. Ihmiset, jotka käsittelevät sitä

päivittäin on opittava perusvaiheet tunnistaa niiden tahallinen pettymys.

Päätös lauselmassa tätä kirjoitettaessa oli kirjoittaa tämän kirjan luoda tietoisuutta perustuu omaan kokemukseen elää psykopaatti. Samaan

aikaan, tämä kirjailija pystyi oppi maan perustuu tutkimukseen, jotka ovat

ominaisuuksia psykopaatti. Tämä tutkimus oli silmien avaaja tämän

kirjailija ja monet lukijat. Kuten alkoholisteja, että seksuaalirikollisten

koskaan paranna. Suhde niihin olisi perustuttava Skepticism.   Lykken

(1995) todetaan, että useimmat antisosiaalinen käyttäytyminen lapsilla

johtuvat puutteellinen isyys poissa vanhempien ja riittämätön äidit, jotka

laiminlyövät lapsiaan. Ehkä lapsi turhauttaa heitä tai ehkä heidän

vanhemmuuden taidot ovat subnormal ja millään tavalla, lapsi toimii

(Lykken, 1995). Lykken (1995) kutsuu näitä sosiopaatin lapsia, ja hän

uskoo, että voimme alentaa hänen numeronsa paremmin sosiaalisia

taitoja maassa. Se on jopa vanhempien tehdä tämän, ja kun Vanhemmuus

epäonnistuu, lapsi näitä piirteitä voi ilmaista niitä väki vallan kautta

(Lykken, 1995). Lausunto tämän tekijän, lapsi altis psykopatia voidaan

ohjata hyvän jalostuksen avulla piirteitä prosocial tavalla. He elävät

kaikissa kulttuureissa. (1948) uskoi, että seura uksena vain toissijainen

Psykopaatit ovat alttiita hoitoon, koska niiden käyttäytyminen on hankittu

ja perustuu taustalla konfliktin ja siten oltava kyky elää moraalista ja

eettistä elämää. On selvää, että tämäntyyppiset huijaaminen strategioita

(jotka koostuvat myös valehtelee, huijaaminen, ovela, petos, jne.) ovat

yleisesti käytetään psykopaatteja jokapäiväisessä elämässään, ja yleensä toimivat hyvin niille, erityisesti päästä käsiksi Kills ja tarvittavat resurssit selviytymisen (Hare, 1993). Vanhemmat, asianmukaisella ja herkällä tavalla, opettaa lapsilleen mahdollisesta väärinkäytön vaarasta ja siitä, miten välttää sitä. Ole tietoinen varoitus merkkejä, kuten äkillinen muutos lapsen käyttäytymistä, joka voi kohta ongelma ja olla valppaana lapsen ratkaisemattomia tunteita ja tunnistaa niiden alku perän (Scott, 2008).

Tämä kirjailija on henkilökohtainen matka tutkimukseen ja analyysiin psykopatia on johtanut Catharsis ja ilmestys avaamisesta silmät. Jos tämä häiriö oli tunnustettu tai diagnosoitu ennen valitettavaa kokemuksia tämän kirjailijan viaton lapsi, hän olisi tallentanut tämän kirjailijan henkistä ahdistusta ja psykologista jatkoa. Konfliktien ratkaiseminen tämä tilanne voi ilmetä vain, kun perheen jäsenet, kuten äiti, sisar ukset ja läheiset sukulaiset ymmärtävät ja tunnistaa patologian persoonallisuus häiriö kuten psykopatia. Voit pysäyttää ja välttää uusinta tapahtumista, jotka tapahtuivat tämän kirjailija, luokka interventio olisi tehtävä paljastaa Lähi mies häiriö.

Jos tämä konfliktin ratkaisu tapahtuu, kyky nähdä "toisella puolella todellisuutta" on mitä pelastaa meidät iskujen psykopaatti. Meidän täytyy nähdä ne, mitä he ovat, eikä siitä, mitä he yrittävät edustaa. Nykyinen on tärkeää; Menneisyys on mennyt; Työskentely traumoja menneisyyden tekee meistä paremman ihmisen yhteiskunnan tänään. Kun pääsemme toteutumista, mitä on tapahtunut meille, emme voi enää satuttaa itseämme. On aika toipua ja tulla uusi sinulle.

Päätös lauselman jälkeen trauma:

Kun trauma vähenee menneisyydessä, se ei edusta enempää estettä läheisyyttä. Tässä vaiheessa en ole enää uhri, mutta on tullut uusi perhe. Tulevaisuuden suhteet ovat valmiita luomaan energiaa ja uusia ideoita. Jos uhri on ollut mukana suhde aikana toipuminen, se on helpompi käydä läpi prosessin kumppanin kanssa. Kumppani auttoi minua trauma.

Ratkaisu trauma ei ole koskaan lopullinen, ja elpyminen ei ole koskaan valmis. Traumaattisen tapahtuman vaikutus jatkuu eloonjääneiden elin kaaren läpi. Se on jopa Survivor löytää apua takaisin, mutta tärkeintä on löytää rauhaa ja ymmärrystä siitä, mitä on tapahtunut. Ne konfliktit, jotka ratkaistiin riittävän hyvin toipumis vaiheessa, eivät enää toistavat ja häviävät. Syynä luomiseen tämä kirja oli auttaa uhreja löytämään päätös lauselmaa. Totuus monet meistä ovat traumaattisia

*muistoja, mutta on kohta elämässämme, että voimme sanoa: "tänään en
enää kärsimystä; Tänään en aio itkeä enää. " Tänään on minun aika olla
onnellinen. " Anteeksi ja luoda uuden elämän sinulle tänään. Emme voi
sallia muistoja metsästää meitä alas, tai saada meidät tuntemaan kurja.
Me olemme elämämme hallitsijoita, ja meillä on valta muuttaa keitä me
olemme. Tänään on päivä tuntuu hyvältä itsestäsi, on sinun ja hyväksyä
muita, mitä he ovat ja miten ne ovat. Meidän on toistettava itsellemme,
että olemme hyviä, ettemme enää ole uhreja; Olemme eloonjääneitä, ja
me olemme täällä maan päällä kestämään meidän traumoja, oppia heiltä,
ja eteenpäin. Ymmärrän, että joskus se ei ole helppo edetä, mutta se on
tehtävä hengissä ja on parempi elämä kuin elämä väärinkäyttäjä. Vaikka
päätös lauselma ei ole koskaan valmis, se on usein tarpeeksi minulle
selviytyjä kääntää minun huomiota tehtävään tavallisen elämän.*

*Mukaan trauma ja elpyminen kirjan----------seuraavat vaiheet on
noudatettava, ja kaikki ovat yhteydessä toisiinsa. Ei ole mitään järjestystä
siitä, miten hoidamme nämä vaiheet; Perhe menee läpi joitakin näistä
vaiheista. Toinen voi tulla muiden eteen; Ei ole mitään järjestystä siitä,
miten käsitellä tunteita ja rikoksen uhriksi joutumista. Tärkein osa
prosessia on olla kiitollisia nykyisestä elämästä ja muutokset olet*

suorittanut ja kunnioittaa mitä on nyt, mikä on osa hyödyntämistä järjestelmään.

1) psyykkiset oireet post-traumaattinen stressi häiriö on hallittavissa tai olematon

2) pystyy hallitsemaan tunteita liittyy stressiä tai traumaattista hyväksikäyttöä, jne.

3) henkilöllä on valtuudet käsitellä hänen muistelmansa, ja päättää, milloin poistaa ne ja milloin piilottaa ne puolella

4) kerronta muistoja liittyy tunteita

5) itsetunto on palautettu = tämä on työskennellyt päivittäin, se on yksi vaikeimmin palauttaa.

6) tärkeät suhteet on luotu tai palautettu.

7) henkilö on rekonstruoida johdonmukaisen järjestelmän merkityksen ja uskon, että kattaa historian trauma.

8) Oma teoria: muutat mieltäsi, vaihdat ajattelu auttaa muuttamaan kuka olet, koska olet positiivinen ja ei pelkää olevasi itse.

Vähentynyt seksuaalinen libido:

Rikoksen tekijä voi kokea vähentynyt hänen seksuaalinen libido, mutta tämä on vain kiinni ja on vain väliaikainen. Tämä lasku seksuaalinen libido on nimeltään "Monastic vaikutus", joka perustuu myytti, että munkkeja ei ole merkittävää seksuaalista libido ja siksi eivät harjoita seksuaalista kanssakäymistä. Tämä vaikutus on lyhytikäinen, psykologit, jotka eivät käsittele suoraan seksuaalisen kysymyksiä, voi ottaa Monastic tulos kuin parannus keinoa. Tämä on virhe, jota ei pitäisi tapahtua. Väärinkäyttäjä lapset voivat käyttää Monastic vaikutus ja niiden psykopatia saada muut uskovat, että ne ovat parannettavissa, kun ne eivät ole. Nämä ihmiset tarvitsevat hoitoa heidän koko elämänsä ja olemassaolonsa; Lapsi ahdin ei ole kovettunut yhdessä päivässä.

Psykologiset seura ukset

Tämä kirjailija on vahvistanut voimakas vaikutus "kovuus". Seksuaalisesti hyväksikäytettyjä naisia kärsii fyysisesti, psykologisesti ja emotionaalisesti. Tämä kirjailija kieltäytyy olla uhri. Tämä kirjailija oli väärin lapsi iässä kaksitoista ja kärsi alijäämä häiriöt huomiota ja post-

traumaattinen stressi häiriöt. Perhe seksuaalisen hyväksikäytön voi myös kokea "dissosiaatio" vaikuttava puolustus mekanismi muodostuu aikana jatkuva seksuaalinen hyväksikäyttö, jossa henkilö, joka on väärin "avulla", heidän ruumiinsa, ja tarkastellaan väärin korkeamman näkö kulmasta. Uhrit ovat yleensä omia pahimpia vihollisia, koska ne voivat vaurio itua mitä he tekevät.

Survivor yhteydessä muiden kanssa: kun vaikutus:

Koska Survivor keskittyy kysymyksiin identiteetin ja läheisyyttä, se usein tuntuu toinen nuoruus iässä. Perhe, joka on kasvanut väärin ympäristössä ei ole sosiaalisia taitoja, jotka yleensä kehittyvät tänä elämän tilassa. Epämukavuutta mainoksen itsetietoisuuden ja itsetietoisuuden, jotka tekevät normaalia nuoruus iässä myrskyisä ja kivulias usein suurennetaan aikuisten perhe, joka voi hävetä. Teenage tyyli selviytyminen voi myös olla merkittävä tällä hetkellä.

Hyvin keskeytyneen suhteen ilma piirissä lapsi joutuu kohtaamaan valtavan kehitys tehtävän. Minun oli löydettävä keino muotoilla itse, että on osa päätös lauselmaa. Minun täytyy löytää tapa kehittää tunnetta perus luottamusta ja turvallisuutta kaiken ympärilläni. Minun täytyy kehittää omaa tunnetta itse suhteessa muihin, jotka ovat avuttomia, huoli maton, tai julma minulle. Jouduin kehittämään oman kehon itsesääntely ympäristössä, jossa ruumiini oli saatavilla joku muu perheessä, minun keskimääräinen veli, psykopaatti. Koska pieni poika, en tiennyt mitä oli tekeillä ja mitä he tekivät minulle; Minun oli kehitettävä aloite ympäristö, jos tuon halukkuuden noudattaa täysin väärinkäyttöä ja ahdin- Toisaalta väärinkäyttäjän on tehtävä sama; Hänen työnsä piilossa on valtava, että vain psykopaatti voisi tehdä. Huomaan itseni hylätyksi armottomasti; Minun täytyy löytää luottamusta itseäni, säilyttää toivo ja merkitys. Olen selvinnyt, koska monet vankeudessa yksilöitä, jotka ovat väärin on mennä yhdessä kiusaamista, hylkääminen ja kauhua. En tiennyt paremmin, iässä yksitoista en voinut juosta ja mennä, minun oli sanottava kotiin ja edelleen uskoa, että ei ollut mitään vikaa luopumista vanhempani, ei ollut mitään vikaa seksuaalisen hyväksikäytön. Sanoin, "Tämä on salainen minun täytyy pitää molemmista, tämä oli ainoa rakkauden muoto sain tuolloin ja ainoa huomio." Että tämä oli osa kasvaa, tämä oli rakkaus antaa eri tavalla, tai muodossa. Kun elää oman Native maa mennä uuteen maahan, että huoli maton vanhempani, he jättivät minut käsissä pahan, minun vain paeta oli ottaa tuskaa, ottaa väärinkäyttö, ja kestää tuskaa.

Kun sinua on käytetty väärin, tunnet syyllisyyttä ja häpeällistä; Syynä on ikä, en voinut arvioida hyvän ja pahan välillä. Se tapahtui, kun olin kaksitoista vuotta vanha; Lapsi ei ole kehitetty hallitsemaan. Tämä kirjailija ei voinut ymmärtää, mitä Lähi Psycho-Brother oli tekemässä ruumiini ja miksi? Tämä kirjailija oli hyvin nuori, huoli maton, ujo ja suojaamaton hänen vanhempansa. Olen kärsivät alhainen itsetunto.

I-KIRJAIN etevä jotta elää kauemmin luona ei aiheuttava jalkeilla odottaa. Joten, olen perustanut ihmisiä, jotka kuuntelivat ja ymmärtänyt minun tarinani. Hän löysi myötätuntoa ystävistäni ja muukalaisia, että oma liha ja verta. Olen käyttänyt myötätuntoa toisia kohtaan ja oppinut elämään vapaa kivusta.

Liittyvät dissosiaatio on seksuaalinen "puutuminen", joka on seurausta lapsen halukas hänen ruumiinsa tunnoton vastaan jännitystä aikana ei-toivottuja Touch (Scott, 2008). Valitettavasti tämä puolustus mekanismi voi johtaa tunne dissosiaatio aikana haluttu seksuaalinen aktiivisuus rakastettusi myöhemmin elämässä.

Kun naiset ovat ahdisteltu kuin lapset, haitta vaikutukset voivat olla voimakkaita. Nykyiset suhteet voivat olla kielteisiä vaikutuksia. Antaminen ja vastaanottaminen emotionaalista tai fyysistä läheisyyttä on usein vaarantunut. Naisen pelot voivat heijastaa hänen tunteitaan lapsilleen.

Lisäksi, muut häiriöt seura uksena vaikea väärinkäyttö lapsuudessa ovat depersonalization häiriö. Tämä voi olla fyysistä, henkistä tai seksuaalista luonnossa.

Tulokset 2002 osoittavat, että emotionaalinen väärinkäyttö erityisesti on vahva ennustaja depersonalization häiriö aikuis elämään, sekä depersonalization kuin oire muissa mielen terveyden häiriöt; Analyysi tutkimuksen 49 potilasta diagnosoitu depersonalization häiriö ilmoitettu korkeammat tulokset kuin ohjaus aiheita kokonaismäärä emotionaalisen hyväksikäytön kärsinyt ja suurin vakavuus tämän väärinkäytön (Scott,

2008). Tutkijat päätteli, että emotionaalinen väärinkäyttö on suhteellisen

laiminlyöty psykiatrien verrattuna muihin lapsen trauma (Scott, 2008).

Päätelmä: konfliktien ratkaiseminen:

Tämä kirjoittaja on työ konfliktien ratkaiseminen on päästää irti

kaikki ärsytys, viha, kaunaa, epämukavuutta, ja pettymys. Ei ole paljon

voimme tehdä menneisyytemme, mutta voimme muuttaa tulevaisuutta

lastemme huolehtimaan niistä. Hän auttoi minua kirjoittamaan tämän

kirjan ja kerätä kaikki tiedot tutkitaan. Se auttoi minua uhri näkee toisella

puolella todellisuutta, todellisuus väärinkäyttäjä ja psykopaatti.

Käytännön syistä useimmat ihmiset luottavat siihen, miten ihmisten pitäisi

toimia. Kokemukset lapsen ahdin käsittelystä ja psykopaatti auttavat

minua ymmärtämään selvästi niiden harhaanjohtavia kirjoituksia. Hän

osaa piilo utua naamion taakse, ja hänen manipulointunsa tekee hänestä

asiantuntijan saadakseen toisten hyväksynnän. Ei ole väliä kuinka monta

kertaa selitän tarinani, vain toiset ymmärtävät sen, kun he joutuvat

kohtaamaan saalistajan ja silloinkin kun edessämme saalistajat, että

emme voi nähdä niiden läpi. Tehdä hänen psykopatia on vaikea saalis.

Rikoksen tekijä on aina piilottanut totuuden itsestään muilta. Hän on myös tietoisesti paljastaa osia elämästään, joka vähentäisi epäilyä. Hän

on oppinut lukemaan reaktioita muiden ja kalibroida, kun muut voivat olla

epäilyttäviä. Hän on taitava huijari. Ihmiset, jotka käsittelevät sitä

päivittäin on opittava perusvaiheet, jotta niiden tahallinen pettymys.

Päätös lauselmassa tätä kirjoitettaessa oli kirjoittaa tämän kirjan luoda

tietoisuutta perustuu omaan kokemukseen elää psykopaatti. Samaan

aikaan, tämä kirjailija pystyi oppi maan perustuu tutkimukseen, jotka ovat

ominaisuuksia psykopaatti. Tämä tutkimus oli silmien avaaja tämän

kirjailija ja monet lukijat. Kuten alkoholisteja, että seksuaalirikollisten

koskaan paranna. Suhde niihin olisi perustuttava Skepticism.   Lykken

(1995) väittää, että suurin osa antisosiaalinen käyttäytyminen lapsilla

johtuvat köyhien vanhempien poissa isät ja riittämätön äidit, jotka

laiminlyövät lapsiaan. Ehkä lapsi turhauttaa heitä tai ehkä heidän

vanhemmuuden taidot ovat subnormal ja millään tavalla, lapsi toimii

(Lykken, 1995). Lykken (1995) kutsuu näitä sosiopaatin lapsia, ja hän

uskoo, että voimme vähentää hänen numeronsa paremmin sosiaalisia

taitoja maassa. Se on jopa vanhempien tehdä tämän, ja kun Vanhemmuus

epäonnistuu, lapsi näitä piirteitä voi ilmaista niitä väki vallan kautta

(Lykken, 1995). Lausunto tämän tekijän, lapsi altis psykopatia voidaan

ohjata hyvän jalostuksen avulla piirteitä prosocial tavalla. He elävät kaikissa kulttuureissa. (1948) uskoi, että seura uksena vain toissijainen

Psykopaatit ovat alttiita hoitoon, koska niiden käyttäytyminen on hankittu

ja perustuu taustalla konfliktin ja siten oltava kyky elää moraalista ja

eettistä elämää. On selvää, että tämäntyyppiset huijaaminen strategioita

(jotka koostuvat myös valehtelee, huijaaminen, ovela, petos, jne.) ovat

yleisesti käytetään psykopaatteja jokapäiväisessä elämässään, ja yleensä

toimivat hyvin niille, erityisesti päästä käsiksi Kills ja tarvittavat resurssit

selviytymisen (Hare, 1993). Vanhemmat, asianmukaisella ja herkällä

tavalla, opettaa lapsilleen mahdollisesta väärinkäytön vaarasta ja siitä,

miten välttää sitä. Ole tietoinen varoitus merkkejä, kuten äkillinen muutos

lapsen käyttäytymistä, joka voi kohta ongelma ja olla valppaana lapsen

ratkaisemattomia tunteita ja tunnistaa niiden alku perän (Scott, 2008).

Tämä kirjailija on henkilökohtainen matka tutkimukseen ja

analyysiin psykopatia on johtanut Catharsis ja ilmestys avaamisesta silmät.

Jos tämä häiriö oli tunnustettu tai diagnosoitu ennen valitettavaa

kokemuksia tämän kirjailijan viaton lapsi, hän olisi tallentanut tämän

kirjailijan henkistä ahdistusta ja psykologista jatkoa. Konfliktien

ratkaiseminen tämä tilanne voi ilmetä vain, kun perheen jäsenet, kuten

äiti, sisar ukset ja läheiset sukulaiset ymmärtävät ja tunnistaa patologian

persoonallisuus häiriö kuten psykopatia. Estääkseen ja välttämään toistumisen tapahtumista, jotka tapahtuivat tämän kirjailija, luokka interventio olisi tehtävä paljastaa Lähi mies häiriö.

Jos tämä konfliktin ratkaisu tapahtuu, kyky nähdä "toisella puolella todellisuutta" on mitä pelastaa meidät iskujen psykopaatti? Meidän täytyy nähdä ne, mitä he ovat, eikä siitä, mitä he yrittävät edustaa. Nykyinen on tärkeää; Menneisyys on mennyt; Työskentely traumoja menneisyyden tekee meistä paremman ihmisen yhteiskunnan tänään. Kun pääsemme toteutumista, mitä on tapahtunut meille, emme voi enää satuttaa itseämme. On aika toipua ja tulla uusi sinulle.

Päätös lauselman jälkeen trauma:

Kun trauma vähenee menneisyydessä, se ei edusta enempää estettä läheisyyttä. Tässä vaiheessa en ole enää uhri, mutta on tullut uusi perhe. Tulevaisuuden suhteet ovat valmiita luomaan energiaa ja uusia ideoita. Jos uhri on ollut mukana suhde aikana toipuminen, se on helpompi käydä läpi prosessin kumppanin kanssa. Kumppani auttoi minua trauma.

Ratkaisu trauma ei ole koskaan lopullinen, ja elpyminen ei ole koskaan valmis. Traumaattisen tapahtuman vaikutus jatkuu eloonjääneiden elin kaaren läpi. Se on jopa Survivor löytää apua takaisin, mutta tärkeintä on löytää rauhaa ja ymmärrystä siitä, mitä on tapahtunut. Ne konfliktit, jotka ratkaistiin riittävän hyvin elvytys vaiheessa, estävät heitä toistamasta ja häviävän. Syynä luomiseen tämä kirja oli auttaa uhreja löytämään päätös lauselmaa. Totuus on, että monet meistä ovat traumaattisia muistoja, mutta on kohta elämässämme, että voimme sanoa: "tänään aion lopettaa kärsimystä; Tänään en aio itkeä enää. " Tänään on minun aika olla onnellinen. " Anteeksi ja luoda uuden elämän sinulle tänään. Emme voi sallia muistoja metsästää meitä alas, tai saada meidät tuntemaan kurja. Me olemme elämämme hallitsijoita, ja meillä on valta muuttaa keitä me olemme. Tänään on päivä tuntuu hyvältä itsestäsi, on sinun ja hyväksyä muita, mitä he ovat ja miten ne ovat. Meidän on toistettava itsellemme, että olemme hyviä, ettemme enää ole uhreja; Olemme eloonjääneitä, ja me olemme täällä maan päällä kestämään meidän traumoja, oppia heiltä, ja eteenpäin. Ymmärrän, että joskus se ei ole helppo edetä, mutta se on tehtävä hengissä ja on parempi elämä kuin elämä väärinkäyttäjä. Vaikka päätös lauselma ei ole koskaan valmis, se

*on usein tarpeeksi minulle selviytyjä kääntää minun huomiota tehtävään
tavallisen elämän.*

*Mukaan trauma ja elpyminen kirjan----------seuraavat vaiheet on
noudatettava, ja kaikki ovat yhteydessä toisiinsa. Ei ole mitään järjestystä
siitä, miten hoidamme nämä vaiheet; Perhe menee läpi joitakin näistä
vaiheista. Toinen voi tulla muiden eteen; Ei ole mitään järjestystä siitä,
miten käsitellä tunteita ja rikoksen uhriksi joutumista. Tärkein osa
prosessia on olla kiitollisia nykyisestä elämästä ja muutokset olet
suorittanut ja kiitollisia siitä, mitä sinulla on nyt, joka on osa
hyödyntämistä järjestelmään.*

*1) psyykkiset oireet post-traumaattinen stressi häiriö on
hallittavissa tai olematon*

*2) pystyy hallitsemaan tunteita liittyy stressiä tai traumaattista
hyväksikäyttöä, jne.*

*3) henkilöllä on valtuudet käsitellä hänen muistelmansa, ja
päättää, milloin poistaa ne ja milloin piilottaa ne puolella*

4) kerronta muistoja liittyy tunteita

5) itsetunto on palautettu = tämä on työskennellyt päivittäin, se on yksi vaikeimmin palauttaa.

6) tärkeät suhteet on luotu tai palautettu.

7) henkilö on rekonstruoida johdonmukaisen järjestelmän merkityksen ja uskon, että kattaa historian trauma.

8) Oma teoria: muutat mieltäsi, vaihdat ajattelu auttaa muuttamaan kuka olet, koska olet positiivinen ja ei pelkää olevasi itse.

Luettelo oireita Hervey cleckley psykopatia:

http://psychopathyawareness.WordPress.com/category/INTIMIDATION/

1. huomattavaa pinnallinen ja keskipitkän charmia tai keskimääräistä älykkyyttä.

2. harha kuvitelmien ja muiden järjettömien ajatus merkkien puuttuminen.

3. puuttuminen ahdistusta tai muita "Neurotic" oireita. Huomattavaa itsevarmuus, tyyneyttä ja sanallista helppous.

4. luotettavuuden puute, velvollisuuksien huomiotta jättäminen, vastuun tunto, vähäinen ja erittäin tärkeä aihe.

5. valhe ja epärehellisyys.

6. epäsosiaalinen käyttäytyminen, joka on puutteellisesti motivoitunut ja huonosti suunniteltu, joka näyttää johtuvat käsittämättömästä impulsiivisuus.

7. puutteellisesti motivoitunut epäsosiaalinen käyttäytyminen.

8. huono tuomio ja puute oppimis kokemus.

9. patologinen itsekeskeisyys. Yhteensä, Self-Center ja kyvyttömyys todellista rakkautta ja kiinnitys.

10. yleinen köyhyys syvä ja pysyviä tunteita.

11. todellisen arvostelu kyvyn puuttuminen; Kyvyttömyys nähdä itseään kuin muut tekevät.

12. ingraitude mitään erityistä vastiketta, ystävällisyyttä ja luottamusta.

13. Fantastic ja vastenmielistä käyttäytymistä, juotuaan ja joskus jopa silloin, kun ei juo. Vulgarity, rudeness, Nopea mieli alan vaihtelut, kepposia helppoa viihdettä.

14. todellista itsemurhayritystä ei ole historiaa.

15. persoonaton, triviaali, ja huonosti integroitu suku puoli elämää.

16. ei ole elämän suunnitelma ja elää hallitusti tavalla (ellei se on tuhoisaa varten tai farssi).

Luettelo Robert Hare-yhtiön psykopathy oireista:

1. pinnallinen ja yksinkertainen viehätys-taipumus olla pehmeä, houkutteleva, viehättävä, ovela, ja suullisesti helppoa. Psycho viehätys ei ole pienintäkään ujo, itsetietoinen, tai pelkää sanoa mitään. Psykopaatti ei koskaan ole kieli sidottu. Voit myös olla suuri kuuntelija, simuloida empatiaa kun nollausta on unelmia ja heikkouksia tavoitteesi, voi manipuloida niitä paremmin.

2. mahtipontinen itsetunto-törkeästi liioiteltu näkemys itsetunto, itsevarma, itsepäinen, ylimielinen, boastful taitoja. Psykopaatit ovat ylimielisiä ihmisiä, jotka uskovat, että he ovat parempia ihmisiä.

3. tarve stimulaation tai proneness ikävystyminen-liiallinen tarve romaani, jännittävä ja jännittävä stimulaatio; Ota riskejä ja tehdä asioita, jotka ovat riskialttiita. Psykopaatit on usein alhainen itsekuria ottaen tehtäviä irtisanominen, koska ne ovat helposti tylsää. He eivät voi työskennellä samassa työssä tietyn ajan, esimerkiksi, tai lopettaa tehtäviä he katsovat tylsää tai rutiinia.

4. patologinen valhe-voi olla kohtalainen tai korkea; Maltillisella tavalla ne ovat ovela, ovela, ovela, ovela ja ovela; Äärimmäisessä mielessä ne pettävät, valehtelijoita, epärehellisiä, häikäilemättömiä, manipuloivaa ja epärehellisyyttä.

5. huijaus ja manipuaveness: käyttö petoksen ja petoksen pettää, huijata tai huijata muita henkilökohtaiseen hyötyä; Se eroaa aiheesta #4 siinä, missä määrin hyväksikäyttö ja häikäilemätön julmuus ovat läsnä, mikä näkyy uhrien tunteista ja kärsimyksistä puuttumiseen.

6. katumuksen tai syyllisyyden puute: tunteiden puute tai huoli uhrien menetyksestä, kivusta ja kärsimyksestä; Taipumus olla huoleton, kiihkotonta, kovettumainen, ja empaattinen. Tämä artikkeli on yleensä

osoittanut halveksuntaa uhrien yksi.

7. pinnallinen koettu: emotionaalinen köyhyys tai rajallinen

valikoima tai syvyys tunteita; Ihmis suhde kylmyys huolimatta merkkejä

avoimen rakastava ja pinnallinen lämpöä.

8. epäherkkyys ja puute empatiaa: puute tunteita ihmisiä kohtaan

yleensä; Kylmä, halveksivaa, huomaamaton, ja hienotunteisuutta.

9. loinen Lifestyle: tahallinen, manipuloiva, itsekäs ja

hyväksikäyttävä taloudellinen riippuvuus muille, kuten näkyy motivaation

puute, matala itsekuria ja kyvyttömyys suorittaa vastuut itsensä.

10. puutteellinen käyttäytymisen valvonta: ilma uksia ärtyneisyys,

epämukavuus, kärsimättömyys, uhat, aggressio ja suullinen väärinkäyttö;

Riittämätön viha-ja luonne kontrolli; Toimia hätäisesti.

11. siveetön seksuaalinen käyttäytyminen: erilaisia lyhyitä,

pinnallinen suhteita, lukuisia kysymyksiä, ja umpimähkäinen valikoima

seksi kumppaneita; Ylläpito useita ja useita suhteita samanaikaisesti;

Historia yrittää seksuaalisesti pakottaa muut seksuaalisen toiminnan

(raiskaus) tai ottaa suuri ylpeys keskustella seksuaalisia urotekoja ja

valloituksia.

12. varhainen käyttäytyminen ongelmat: erilaisia käyttäytymis malleja ennen ikää 13, mukaan lukien valehtelee, varastaminen, huijaaminen, ilkivalta, uhkailu, seksuaalinen aktiivisuus, tuli palo, liima hengittäminen, alkoholin käyttö, ja karkuun kotoa.

13. realististen ja pitkän aika välin tavoitteiden puuttuminen: pitkän aika välin suunnitelmien ja tavoitteiden kykenemättömyys tai jatkuva epäonnistuminen; Nomadic olemassaolo, päämäärättömästi, vailla suunnan elämässä.

14. impulsiivisuus: esiintyminen käyttäytymis malleja, jotka ovat premeditoitu ja ei ole pohdintaa tai suunnittelua; Kyvyttömyys vastustaa kiusausta, pettymyksiä ja hetkellisiä impulsseja; Harkinnan puuttuminen ottamatta huomioon seura uksia; Piittaamaton, piittaamaton, arvaamaton, arvaamaton ja piittaamaton.

15. vastuuttomuus: velvoitteiden ja sitoumusten toistuva noudattamatta noudattaminen tai kunnia Esimerkiksi maksamatta laskuja, ei ole lainoja, suorittaa huoli maton työ, puuttuu tai myöhässä töihin, ei noudata sopimuksia.

16. jäsenyys velvoitteiden noudattamatta jättäminen: ei ole vastuussa toimista, heijastuvat alhaisen tietoisuuden, tottelevaisuus, vihamielisten manipulointi, vastuun epääminen ja vaivaa manipuloida muille. Kautta tämän kieltäminen.

17. monet lyhyen aika välin suhteet: ei ole sitoutunut pitkän aika välin suhde heijastuu sekava, epäluotettavia ja epäluotettavia sitoumuksia elämässä, mukaan lukien avio liitto ja perhe siteet.

18. nuoriso rikollisuus: ongelmia käyttäytymisen välillä vuotiaita 13-18; Enimmäkseen käyttäytymistä, jotka ovat rikoksia tai että selvästi liittyy näkö kohtia vihamielisyys, hyväksikäyttö, aggressio, manipulointi, tai tunteeton, armoton henkinen kovuus.

19. peruutuksen peruuttaminen ehto: kääntyminen koeajalle tai muu ehdollinen vapautuminen johtuu teknisistä rikkomuksista, kuten huolimattomuudesta, alhainen käsittely tai ei näy.

20. rikos oikeuden monipuolisuus: erilaisia rikoksia, riippumatta siitä, onko henkilö pidätetty vai tuomittu; Kun suuri ylpeys on päästä eroon rikoksista tai väärinkäytöksistä.